# merveilleux couvre-tout

MODUS VIVENDI

# merveilleux couvre-tout

Tracy Munn

Comment les housses peuvent
transformer votre décor !

MODUS VIVENDI

**LES PUBLICATIONS MODUS VIVENDI INC.**
3859, autoroute des Laurentides
Laval (Québec)
Canada
H7L 3H7

Je dédie ce livre à
ma chère grand-mère
de qui j'ai, sans aucun doute,
hérité ma passion
pour la couture.

ESSIE JEWEL CROSS KOGER
1895-1985

Directrice de la publication: Paige Gilchrist
Directrice artistique Chris Bryant
Illustrations : Bernadette Wolf
Design de la couverture : Marc Alain
Infographie : Modus Vivendi
Photographie : Evan Bracken (Light Reglections)
Traduction : Jean-Robert Saucyer
Révision : Frédérique Pelletier-Lamoureux


Dépôt légal : 3e trimestre 2003
Bibliothèque nationale du Québec
Bibliothèque nationale du Canada
Bibliothèque nationale de Paris


ISBN : 2-89523-206-7

Nous reconnaissons l'aide financière du gouvernement du Canada par
l'entremise du Programme d'aide au développement de l'industrie de
l'édition (PADIÉ) pour nos activités d'édition.
Gouvernement du Québec — Programme de crédit d'impôt pour l'édition
de livres — Gestion SODEC

# TABLE DES MATIÈRES

## PROJETS

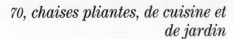

# introduction

Vos chats abîment-ils votre mobilier avec leurs griffes et leurs mues ? Les nouveau-nés ou les adolescents font-ils la vie dure à votre canapé et à vos fauteuils ? Une maison grouillante de vie peut laisser de vilaines marques et des éraflures sur les meubles, à tel point que l'on est parfois embarrassé de laisser entrer les gens chez soi.

Peut-être êtes-vous dans la situation suivante : vous venez d'hériter du vieux canapé *davenport* de tante Eugénie, vous êtes heureuse d'avoir été choisie pour perpétuer la tradition, mais ce style suranné ne cadre pas avec votre décor.

Les housses apportent la solution à tous vos problèmes. Si vous avez des animaux, elles protègent les meubles de leurs petits méfaits. Si vos petits-enfants viennent en visite, vous pouvez vous détendre en sachant qu'il suffira, pour réparer les inévitables dégâts, de retirer les housses et de les passer à la machine à laver.

Et si tante Eugénie avait des goûts un brin désuets, vous pouvez travestir son *davenport* défraîchi avec un imprimé contemporain.

En plus de prolonger le revêtement actuel de vos fauteuils et de cacher les éléments qui se marient mal avec votre environnement, les housses peuvent transformer du tout au tout l'atmosphère d'une pièce (sans parler de votre moral !). Peut-être souhaitez-vous changer de décor au fil des saisons et mettre en place une ambiance légère et aérienne au printemps et à l'été, et foncer la note pour l'automne et l'hiver. J'ai moi-même grandi dans une maison où l'on changeait les housses selon que nous étions en hiver ou en été. Jamais le canapé n'est apparu avec son recouvrement d'origine. En conséquence, il est encore impeccable quelque quarante années plus tard. Je me souviens encore de ce jour de mars où maman intervertissait les

housses dans la maison. Nous savions alors que le printemps était officiellement arrivé et que l'été ne tarderait pas.

Les Anglais disent des housses qu'elles sont flottantes. Cet adjectif décrit bien l'allure des housses proposées dans cet ouvrage, c'est-à-dire qu'elles sont simples et décontractées, sans structure ni fioritures. Plusieurs sont retenues par des rubans ou des boutons et sont plissées au niveau des bras. Je ne me préoccupe pas toujours de couvrir individuellement le coussin d'un fauteuil ; ce genre de travail est très facile à réaliser en un minimum de temps. Mais je ne rejette pas complètement les housses structurées. Je vous montrerai aussi comment épouser le contour des bras, comment border de passepoil, comment habiller les coussins et poser des fermetures à glissière. N'hésitez pas à assortir les différentes techniques en fonction de votre style et de votre dextérité.

J'ai également émaillé ce livre de nombreuses solutions de rechange par rapport aux étoffes traditionnelles, en suggérant l'utilisation de serviettes de table, de torchons ou de mouchoirs, de nappes, de sarongs ou de tapisseries. On se simplifie grandement la tâche en recourant à ces pièces d'étoffe, car elles sont toutes ourlées.

Le chapitre portant sur les principes élémentaires présente toutes les techniques standard servant à la confection d'une housse, depuis le mesurage de l'objet à couvrir jusqu'à la réunion des différents éléments. Ensuite, une vingtaine de projets proposent autant de possibilités pour couvrir des meubles aussi différents que des canapés, des chaises, des balancelles de véranda, des tabourets, des tables et même des imprimantes. À l'aide d'une machine à coudre, de quelque habileté en couture et des renseignements qui suivent, vous pourrez transformer n'importe quel meuble terne, usé ou bêtement laid en un meuble dont vous serez fière !

# *principes élémentaires*

## Étoffes

Au mieux, vous serez déconcertée devant l'éventail d'étoffes qui s'offrent à vous. Mais n'ayez crainte, à partir de quelques principes élémentaires, vous serez en mesure de sélectionner celles qui conviennent à la confection d'une housse. L'un des nombreux avantages de ce type de recouvrement tient justement à ce que l'on puisse employer pratiquement toutes les étoffes, pour peu que l'on sache une chose ou deux avant de commencer.

Assortiment d'étoffes

En premier lieu, on doit s'intéresser à la teneur en fibres brutes d'une étoffe. Les fibres naturelles telles que le coton et la toile sont les plus indiquées, le coton pur étant le fin du fin. Les fibres naturelles sont faciles à coudre et épousent bien la forme des fauteuils et sofas. En outre, elles sont lavables et d'entretien facile. La toile est également conseillée car, en raison de sa tendance à se froisser, elle apporte une touche de confort décontracté.

Si les fibres naturelles sont ici le premier choix, on n'en trouve pas moins des fibres synthétiques qui font l'affaire. On propose parfois des mélanges qui allient fibres naturelles et fibres synthétiques. Cette combinaison vise la durabilité de l'étoffe et parfois une certaine résistance à la froissure. L'étoffe est alors facile d'entretien, plus stable et moins chère. Je suis toutefois catégorique : ne portez pas votre choix sur les tissus vendus comme tissus de recouvrement. Ils sont enduits d'un renfort caoutchouté et d'un apprêt protecteur qui les rendent trop raides pour la confection d'une housse.

### L'UNI OU L'IMPRIMÉ ?

Si vous penchez en faveur d'un damier, d'un écossais, de rayures, de fleurs ou d'un autre motif, songez aux difficultés qui se présenteront lorsque vous devrez assembler la housse. Si vous confectionnez une housse pour la première fois et que vous peinez pour faire correspondre les motifs ou les rayures, vous n'aurez guère envie de récidiver. Tenez-vous-en aux couleurs unies ou à un motif qui n'exige aucun appariement si vous faites vos premières armes dans le domaine de la confection.

L'emploi de couleurs unies et de motifs qui n'exigent aucun appariement comporte un autre avantage : on peut les employer à contrefil, c'est-à-dire que l'on peut disposer la pièce de tissu de sorte que les fils de chaîne soient parallèles au sol plutôt que verticaux et limités par les lisières. Cette façon de faire est intéressante dans le cas de canapés imposants, car elle restreint le nombre de coutures.

## ÉTOFFES HORS TRADITION

Les grandes nappes, les sarongs, les tissus africains, les mouchoirs, les tissus tapisserie et les jetés de coton font d'excellentes étoffes pour la confection d'une housse. Vous trouverez un exemple d'utilisation de chacune d'elles dans cet ouvrage. Si vous désirez tailler une housse dans une étoffe plus originale que celles que vous propose votre marchand habituel, remettez-vous-en à votre imagination.

## PRÉPARATION DE L'ÉTOFFE

Puisque la raison d'être d'une housse réside dans la possibilité de l'enlever pour la laver, il faut absolument rendre l'étoffe irrétrécissable avant de la coudre. Si vous disposez d'une grande quantité d'étoffe, par exemple neuf mètres pour recouvrir un canapé, vous aurez du mal à la faire entrer dans votre machine à laver. Rendez-vous à la blanchisserie et passez-la dans une machine format géant dépourvue d'agitateur. Vous pouvez laver sans difficulté à la maison les pièces de tissu moins volumineuses. Après avoir lavé l'étoffe, faites-la sécher à la machine, mais sortez-la du sèche-linge alors qu'elle est encore légèrement humide.

Vous ignorez si une étoffe est lavable ? Taillez-en un petit carré et passez-le à la machine. S'il en sort abîmé, vous êtes devant deux choix : soit vous portez l'étoffe chez le teinturier et vous lui demandez de la faire rétrécir; soit vous ferez nettoyer à sec la housse fabriquée avec le tissu non rétréci.

Choix d'étoffes non traditionnelles

Tant que l'étoffe est encore un peu humide, passez un fer chaud sur les plis afin de les faire disparaître. Avec un peu de chance, la housse ne nécessitera pas de repassage. Afin de vous éviter cette besogne, replacez-la sur son fauteuil alors qu'elle est encore moite. Une étoffe humide est quelque peu extensible ; elle épouse donc plus facilement les formes d'un meuble. Dès qu'elle sèche en place, elle se moule sur les courbes du fauteuil à la manière d'un tissu de recouvrement. Vous pouvez employer un fer à repasser afin de lisser les grandes plages d'étoffe.

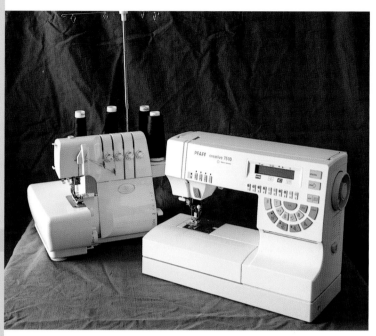

Machine à coudre (à droite) et machine à surfiler

# Machines et instruments

Vous aurez moins de mal à coudre vos housses si vous employez des machines et des instruments de qualité. Procurez-vous une bonne machine à coudre, et interdisez strictement à quiconque de s'en servir. De même, ne permettez jamais aux membres de votre famille d'utiliser vos ciseaux de couture pour découper du papier.

**MACHINE À COUDRE.** Il s'agit d'un *must*. Assurez-vous qu'elle fonctionne bien (une révision régulière s'impose), qu'elle est lubrifiée et que les tensions sont ajustées. Apprenez à connaître votre machine à coudre, sachez comment utiliser ses accessoires, connaissez leurs usages et leurs fonctions. Pour la confection de housses, vous emploierez surtout le point lancé effectué à l'aide d'un pied presseur, mais vous pourriez également faire appel au pied à semelle étroite, au pied guide-cordonnet, au pied à ourlet invisible et à la machine à boutonnières pour leurs caractéristiques additionnelles.

**SURJETEUSE.** Vous lirez souvent dans ce livre : « passez les coutures à la surjeteuse ». À mon avis, cette machine, qui sert à surjeter un bord d'étoffe coupée pour l'empêcher de s'effilocher, est aussi nécessaire qu'une machine à coudre. Les coutures surjetées ne se déferont pas. En outre, une couture ainsi finie a plus belle apparence. J'ai toujours estimé que la finition intérieure d'un ouvrage en rehaussait la qualité (c'est la petite-fille d'une couturière qui parle !). Enfin, les coutures surjetées ne se relâcheront pas au lavage, ce que vous apprécierez sans aucun doute. Donc, si vous n'avez pas de surjeteuse, il est peut-être temps d'en envisager l'achat. Les prix de ces machines varient en fonction de leurs caractéristiques. Une surjeteuse toute simple devrait coûter autant qu'une tondeuse à gazon ou une scie mécanique. Si vous devez travailler sans cela, surjetez vos coutures avec le point d'arrêt zigzag de votre machine à coudre, ou taillez vos bords à l'aide de ciseaux à cranter.

**AIGUILLES.** Les tailles et les sortes d'aiguilles ont leur importance. Si vous employez des étoffes épaisses et robustes ou si vous piquez dans quatre épaisseurs de tissu, il vous faut des aiguilles à fortes tiges. Mon choix se porte alors sur une aiguille de tige 14 avec laquelle on coud le denim. Ne manquez pas de prendre des aiguilles neuves et d'un calibre qui convient à votre machine à coudre. Débarrassez-vous au fur et à mesure de toutes vos aiguilles émoussées ou tordues. Si vous devez coudre des étoffes diaphanes ou sans consistance, utilisez une aiguille dont la tige est plus fine, par exemple 10 ou 12. J'emploie également des aiguilles jumelées afin de réaliser des surpiqûres dans le cas de différents besoins décoratifs ou fonctionnels. On en trouve de toutes les tailles, mais qui ne s'adaptent pas nécessairement à toutes les marques de machines.

**FIL.** En général, il est préférable d'employer du fil de coton pour coudre les textiles naturels, et du fil synthétique pour les matières synthétiques. Toutefois, le coton mercerisé enduit de polyester fait un excellent fil polyvalent. Il vaut toujours mieux employer un fil qui se marie à la teinte de l'étoffe, sauf lorsqu'on désire un fil de couleur contrastée pour exécuter une surpiqûre.

**CISEAUX.** Choisissez des ciseaux de bonne qualité dont les lames font au moins de 20,5 à 25,5 cm pour tailler en longueur, et vérifiez qu'ils sont bien aiguisés. Il est utile d'en posséder une deuxième paire dont les lames font de 10 à 15 cm, ainsi qu'une paire de petits ciseaux de broderie pour couper les fils.

**ÉPINGLES.** Il vous faut des épingles d'acier à tête de verre, fines et effilées, dont la tige fait 0,5 mm. Je préfère les épingles qui mesurent 3,5 cm de long, car elles se logent facilement dans une pelote magnétique. Il vous faudra

également des épingles en T, qui doivent leur nom à la forme de leur tête. Elles sont idéales pour assujettir le tissu de façon temporaire, par exemple pour marquer les bordures afin de les fixer ensuite à l'aide d'épingles droites, ou pour une autre opération de ce genre.

**MARQUEURS.** Je me sers d'un marqueur de craie doté d'une recharge lorsque je souhaite tracer les lignes le long desquelles je vais tailler. Un feutre marqueur hydrosoluble est tout aussi indiqué.

**JEU D'INSTRUMENTS À MESURER.** Ayez à portée de la main un ruban à mesurer, un étalon, une règle et une réglette. Une équerre de menuisier est également utile pour tracer des lignes avec le bon angle.

**PASSE-LACET.** Ce petit instrument se révèle très précieux lorsqu'il faut retourner sur l'endroit de petites pièces telles que des attaches.

**Découseur.** Il sert à découdre les coutures faites par erreur. Nous en faisons toutes !

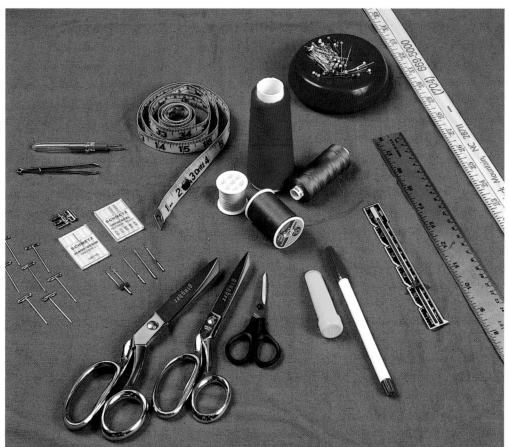

**À PARTIR DU HAUT ET DANS LE SENS DES AIGUILLES D'UNE MONTRE :** épingles droites, instruments à mesurer, marqueurs, ciseaux, aiguilles, épingles en T, passe-lacet, découseur, ruban à mesurer et bobines de fil.

# Évaluation du métrage nécessaire

Cette première étape est fondamentale, car il faut vous assurer que vous disposerez de suffisamment de tissu pour mener votre projet à bien. Après avoir évalué le métrage nécessaire, j'ajoute un minimum de 0,9 mètre comme marge de sûreté. Si vous employez une étoffe dont il faudra apparier le motif, il sera préférable de prévoir davantage de marge. Ces techniques de mesurage vous permettront d'évaluer la quantité totale d'étoffe requise, mais elles vous serviront aussi à mesurer et à tailler les différentes pièces qui constitueront la housse. Je m'y reporterai régulièrement au cours de l'ouvrage.

## MESURAGE

Pour commencer votre évaluation, tracez une esquisse du fauteuil que vous souhaitez couvrir, à une échelle telle que vous pourrez y inscrire les mesures relevées. Mesurez toutes les dimensions à partir des deux points les plus éloignés. Il y a sept sections à mesurer dans le cas d'un canapé aussi bien que d'un fauteuil. Les figures 1 et 2 indiquent comment mesurer les différentes sections. S'il s'agit de couvrir une chaise, il y aura quatre sections à mesurer. La figure 3 indique comment s'y prendre.

1. INTÉRIEUR DU DOSSIER
   ID = A (largeur) + B (hauteur + repli)

2. EXTÉRIEUR DU DOSSIER
   ED = C (hauteur) + D (largeur)

3. FOND OU COUSSIN
   FC = E (largeur + repli) +   F (profondeur + repli)

4. INTÉRIEUR DE L'ACCOUDOIR*
   IA = G (largeur) + H (hauteur + repli)

5. EXTÉRIEUR DE L'ACCOUDOIR*
   EA = I (largeur) + J (hauteur depuis le bas du fauteuil ou le sol jusqu'à la ligne où prend fin la courbe de l'accoudoir)

6. FAÇADE DE L'ACCOUDOIR
   FA = K (hauteur) + L (largeur aux extrémités)

7. FAÇADE DU FAUTEUIL
   FF = M (largeur) + N (hauteur)

**\*Il faut doubler ces mesures.**

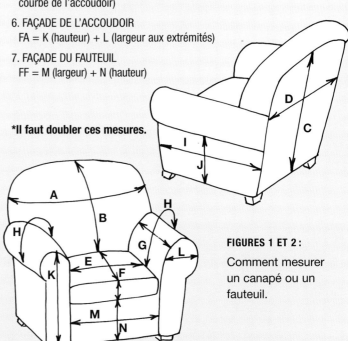

**FIGURES 1 ET 2 :**

Comment mesurer un canapé ou un fauteuil.

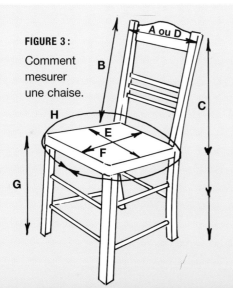

**FIGURE 3 :**

Comment mesurer une chaise.

1. INTÉRIEUR DU DOSSIER
   ID = A (largeur du dossier à l'intérieur et à l'arrière) + B (longueur de l'intérieur du dossier)

2. ARRIÈRE DU DOSSIER
   AD = C (hauteur à partir du fond, du sol ou d'un point entre les deux) + D (largeur)

3. FOND
   F = E (largeur) + F (profondeur) + H (périmètre du fond)

4. RETOMBÉE (du fond au sol, ou là où vous souhaitez que la housse retombe) = G

## RÉSERVE POUR LES COUTURES

Pour tous les travaux de couture, on prévoit une réserve standard de 1,5 cm. Cependant, lorsque l'on confectionne une housse, il vaut mieux prévoir une réserve de 2,5 cm, voire un peu plus, autour de chaque morceau. Il est préférable d'avoir trop de tissu que d'en manquer. Vous couperez le surplus en même temps que les fils trop longs.

## RÉSERVE POUR LE REPLI

La réserve pour le repli consiste en une quantité de tissu que l'on insérera dans les interstices qui marquent la rencontre de deux ou plusieurs faces, de sorte que la housse ne bouge pas et qu'elle épouse bien le fauteuil qu'elle couvre. Il faut prévoir une réserve pour le repli, là où l'intérieur du dossier jouxte l'intérieur de l'accoudoir, là où l'intérieur du dossier jouxte le coussin ou le fond, et là où l'intérieur des accoudoirs jouxte le coussin ou le fond (figure 4). Prévoyez au moins 15 cm de plus par rapport aux mesures du fond, de l'intérieur des accoudoirs et de l'intérieur du dossier afin d'avoir une bonne réserve pour le repli.

**FIGURE 5 :** Réserve pour le repli.

## TABLIER

Quelques-unes des housses présentées dans cet ouvrage ne couvrent pas séparément le fond du fauteuil. Cette option permet d'épargner du tissu et facilite la confection. Lorsqu'on couvre expressément le fond d'un fauteuil, en plus de devoir employer davantage de tissu, on doit aussi couvrir la section qui se trouve sous le coussin,

**FIGURE 5 :** Tablier.

que l'on appelle le *tablier* (figure 5). Cela se fait avec un reste de tissu dont on dispose, peu importe lequel en vérité, puisque le tablier ne se voit pas. Afin de déterminer la taille d'un tablier, mesurez la longueur et la largeur de la section sous le ou les coussins. Prévoyez 5 cm de plus de réserve pour les coutures latérales, et 15 cm de réserve pour le repli à l'intérieur du dossier et à l'intérieur des accoudoirs, mais soustrayez de 7,5 à 15 cm à partir de la bordure de la façade. Le tablier ne doit jamais s'étendre jusqu'à la façade d'un canapé ou d'un fauteuil.

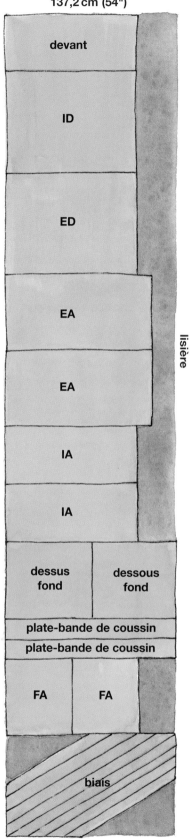

**137,2 cm (54")**

devant

ID

ED

EA

EA

IA

IA

dessus fond

dessous fond

plate-bande de coussin

plate-bande de coussin

FA

FA

biais

lisière

## ÉBAUCHE DU PATRON

Lorsque vous aurez pris toutes les mesures et que vous aurez prévu des réserves pour les coutures et les replis, prenez une feuille de papier et une calculette, et tracez un schéma à l'échelle des divers éléments nécessaires (figure 6). Pour y parvenir, vous devrez projeter la largeur de l'étoffe choisie. La plupart des étoffes servant à la décoration intérieure font 137 cm de large. Celles qui sont plus larges font en général 152,5 cm. Si vous trouvez une étoffe qui vous plaît et qui a cette largeur, employez-la. Il est étonnant de constater à quel point quelques centimètres de plus en largeur font économiser sur la longueur. Évitez toutes les étoffes destinées à la confection de robes. Elles ne sont proposées qu'en largeur de 114 cm et sont souvent trop minces pour faire une housse qui se tienne.

Si vous ignorez quelle sera la largeur de l'étoffe que vous choisirez, fondez votre calcul sur une largeur de 137 cm. De plus, alignez les divers éléments selon le contrefil de l'étoffe comme nous l'avons vu à la page 8. Ainsi, vous couperez tous les éléments longs sur la longueur de l'étoffe, plutôt que d'une lisière à l'autre. Une fois chez le marchand, si vous choisissez un tissu de couleur unie ou un motif simple qui vous permettra de tailler vos éléments selon le contrefil, vous pourrez vous fier au second calcul et donc acheter un métrage moins important.

**FIGURE 6 :** Évaluation du métrage nécessaire.

# Taille et ajustement de la housse

Les principes qui guident la taille de l'étoffe et son ajustement à un fauteuil sont les mêmes pour tous les types de housses. Même si les fauteuils que vous souhaitez housser ne correspondent pas en tous points à ceux qui sont présentés dans les pages qui suivent, vous pouvez vous appuyer sur ces principes et les adapter à vos meubles.

## TAILLE

Le premier coup de ciseau dans l'étoffe est probablement le geste que l'on redoute le plus. Sachez que si vous vous avez pris des mesures précises et que vous avez prévu une généreuse réserve pour les coutures et les replis, la pire chose qui pourra vous arriver sera de devoir recouper un surplus d'étoffe à la toute fin. Mais une chose est assurée : vous ne manquerez pas de tissu.

Les illustrations de la page 12, qui montrent comment évaluer la quantité d'étoffe nécessaire, sont celles qui doivent guider le mesurage et la taille des éléments d'une housse. Qu'il s'agisse de housser un canapé, une bergère ou une chaise, les éléments de base demeurent les mêmes. Il s'agit simplement de prendre les mesures, de les reporter sur la pièce d'étoffe et de tailler les éléments sur une face plane.

Par exemple, afin de tailler l'extérieur du dossier (ED) d'un fauteuil, il faut mesurer les lignes C et D de la figure 2 à leurs points les plus éloignés, et ajouter à toutes les bordures une réserve pour la couture. Si l'arrière du dossier mesure 66 cm sur sa ligne C et 82 cm sur sa ligne D, vous taillerez un morceau de tissu qui fait entre 74 et 76 cm sur 89 ou 92 cm. Taillez tous les éléments de cette manière. Si vous craignez d'oubliez la position des divers éléments, inscrivez à l'aide d'une craie leur emplacement (par exemple, ED) à l'envers de l'étoffe. Si vous êtes en présence d'une paire d'éléments (l'extérieur des accoudoirs, par exemple), ajoutez un G ou un D pour indiquer s'ils vont à la gauche ou à la droite du fauteuil.

Au long de cet ouvrage, je me reporterai souvent à cette page, et aux illustrations de la page 12 qui résument le principe du mesurage et de la taille de l'étoffe. Vous auriez intérêt à marquer dès à présent ces pages d'un signet ou à en plier le coin.

## AJUSTEMENT

Les étapes menant à l'ajustement d'une housse varieront quelque peu d'un projet à l'autre, mais elles sont comparables pour l'essentiel. En premier lieu, posez les éléments sur le fauteuil. Ensuite, marquez à l'aide d'une craie les endroits où les différents éléments se rencontrent (par exemple, l'intérieur du dossier et de l'accoudoir, ou l'intérieur de l'accoudoir et le tablier). À tous les endroits où il convient de prévoir une réserve pour repli, mesurez 7,5 cm de plus à l'extérieur du trait de craie et taillez le tissu au-delà de cette marque. Certains éléments ne nécessitent pas de réserve pour repli.

Passez votre main dans les zones où vous prévoyez un repli afin d'estimer quelle réserve sera nécessaire.

Là où la ligne d'un fauteuil se courbe, vous devrez faire des entailles dans la réserve pour repli afin que l'étoffe s'étende à plat et qu'elle épouse la forme du meuble. Avant de faire ces entailles, exécutez un point d'arrêt (voir page 19) le long du trait de craie au-delà duquel vous ne taillerez pas – sinon au risque de couper dans votre housse.

Lorsque les différents éléments seront en place, vous commencerez à les épingler ensemble, puis les retirerez et les coudrez. Pour terminer, vous les remettrez en place sur le fauteuil afin de vérifier l'ajustement avant de passer les coutures à la surjeteuse.

## CONFECTION D'UN MODÈLE EN TOILE

Je dois avouer que je ne m'astreins pas à confectionner un modèle en toile écrue avant de réaliser une housse. Mais, si vous en êtes à vos premiers pas ou si vous projetez d'employer une étoffe de prix, vous feriez bien de consacrer quelque temps à la confection d'un premier modèle dans de la toile écrue, ou même dans un vieux drap, pour vous assurer que vous maîtrisez la technique. Employez le point de bâti afin de réunir les éléments du modèle, puis décousez-les et faites-en votre patron.

La confection d'un modèle en toile vous aidera à évaluer la quantité d'étoffe nécessaire à la réalisation d'un projet. Posez à plat les différents éléments en fonction de la largeur de l'étoffe (sur la base de 137 cm si vous êtes incertaine), et vous verrez vite quelle quantité il vous faut. N'oubliez pas de tenir compte de l'appariement si le tissu comporte des rayures, des carreaux ou des motifs qu'il faudra aligner.

## DIFFICULTÉS D'EXÉCUTION

Les quatre endroits où les accoudoirs rencontrent d'autres éléments sont les plus difficiles à apparier quand on confectionne une housse. La figure 7 les représente : là où les accoudoirs touchent l'intérieur du dossier (a), le coussin ou le tablier (b), la façade (c) et le dossier (d).

Parmi ces quatre endroits, le plus difficile à ajuster est probablement là où l'accoudoir touche la façade. Tout repose sur votre choix de housser le coussin séparément ou non. Dans l'affirmative, soit l'intérieur de l'accoudoir touche le tablier, de sorte que les deux s'encastrent parfaitement, soit vous prévoyez une petite réserve pour un repli. Si vous ne houssez pas le coussin séparément, il faudra prévoir une réserve pour un repli entre l'intérieur de l'accoudoir et le coussin.

La jonction entre la façade de l'accoudoir et celle du fauteuil présente également quelque difficulté. C'est ici qu'intervient l'allure que vous souhaitez donner à votre housse. Si vous désirez qu'elle soit structurée, ajustée, peut-être bordée d'un passepoil (figure 8), vous devrez recourir à une technique d'assemblage. Si vous optez pour une housse flottante ou décontractée, vous ferez

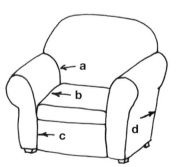

**FIGURE 7 :** Endroits difficiles à ajuster.

appel à une autre technique, peut-être à quelques plis rabattus et à une boutonnière, ou à des attaches pour retenir l'ensemble (figure 9). Enfin, pour une housse sans ornements, vous choisirez une façade unie (figure 10). Chaque modèle d'accoudoir a ses propres exigences en matière de réserves pour les coutures et les replis. Je vous montrerai à réaliser chacun de ces accoudoirs au fur et à mesure des projets présentés dans cet ouvrage. N'hésitez pas à changer les modèles d'accoudoirs selon le type de fauteuil que vous voulez recouvrir.

## DE LA MISE EN PLACE À L'ÉPINGLAGE

Lorsque l'on confectionne une housse, on doit sans cesse reprendre une séquence de quatre activités, en particulier si l'on travaille avec un imprimé. En premier lieu, on doit disposer l'étoffe sur le fauteuil que l'on souhaite housser. Ensuite, on l'ajuste ici et là afin de voir ce qu'on préfère, notamment au niveau des accoudoirs, et l'on décide si le modèle sera ajusté ou flottant. Par la suite, on prend du recul afin de choisir parmi les différentes possibilités. Pour terminer, on épingle tous les éléments, ce qui permet de vérifier qu'une fois cousu le patron donnera le résultat escompté.

Nous franchirons ces quatre étapes pour chacun des projets proposés dans ce livre. En fait, j'y reviendrai sans cesse – vous pouvez donc les considérer comme votre point de référence.

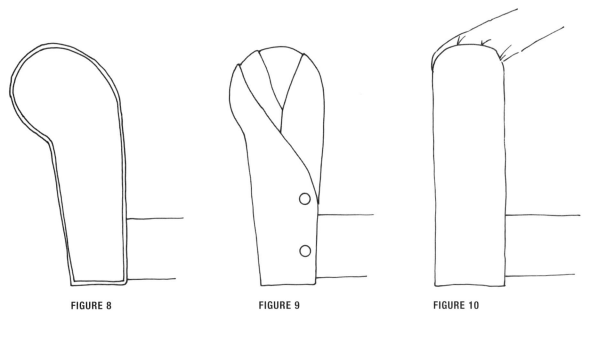

**FIGURE 8**     **FIGURE 9**     **FIGURE 10**

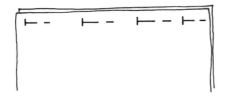

**FIGURE 11 :** Réserve pour les coutures.

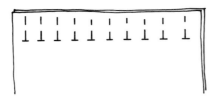

**FIGURES 12 ET 13 :** Épinglage.

**FIGURE 14 :** Point lâche.

# Lexique de couture

Voici un lexique des principales expressions employées au long de cet ouvrage :

**RÉSERVE POUR LES COUTURES** (figure 11). Quand on confectionne des vêtements, on prévoit normalement une réserve de 1,5 cm pour les coutures ; mais lorsqu'on fabrique une housse, cette réserve doit osciller entre 1,5 cm et 2,5 cm. Je conseille aux néophytes de prévoir une réserve de 2,5 cm. Vous taillerez ensuite tout excédent de tissu au moment de passer les bordures à la surjeteuse. En taillant les différents éléments d'une housse, n'oubliez pas de prévoir une réserve pour les coutures tout autour de chacun d'eux. Il est préférable de disposer de trop de tissu que d'en manquer.

**LONGUEUR DE POINT.** Chaque fois qu'il est question de coudre à la machine, je parle d'une couture standard de 10 à 12 points sur 2,5 cm. En général, on règle la machine à coudre sur le numéro 3.

**ÉPINGLAGE** (figures 12 et 13). Voici une étape sur laquelle j'insiste vraiment. Il s'agit simplement d'utiliser des épingles droites afin de maintenir les éléments ensemble. Insérez les épingles là où se trouvera le tracé de la couture, puis retirez-les à mesure que la couture avance, ou encore disposez-les à angle droit par rapport au tracé de la couture, de façon à pouvoir piquer par-dessus.

**POINT LÂCHE** (figure 14). Ce point vous aidera à aligner deux éléments dont l'un est plus imposant que l'autre (s'il est courbe, par exemple). Faites un tracé de points de bâti (avec le point le plus long de votre machine) en suivant le tracé de la couture afin de résorber l'ampleur de l'étoffe, puis tirez quelque peu sur la bobine de fil afin de relâcher cette ampleur.

**POINT D'ARRÊT** (figure 15). Cousez le long du tracé de la couture en exécutant un point de longueur standard (en réglant d'ordinaire la machine sur le numéro 3). Vous aurez recours à ce point lorsqu'il faudra entailler les courbes ou les angles intérieurs. Il vous empêchera de pratiquer les entailles au-delà de la limite permise. La moindre entaille qui s'avance trop risque de gâter une partie de la housse. À éviter à tout prix.

**ENTAILLES DANS LES COURBES** (figure 16). Employez la pointe des ciseaux pour pratiquer quelques entailles jusqu'au tracé du point d'arrêt. Ainsi, le tissu s'étalera dans toute son ampleur et reposera à plat.

**OURLET** (figure 17). Je compte beaucoup sur le pied ourleur de ma machine à coudre. Mais si vous n'en avez pas ou si vous avez du mal à l'utiliser, vous pouvez ourler à la main – sachez toutefois que l'ourlet ne sera pas aussi résistant. Afin d'ourler à la main, on va de droite à gauche, en prenant soin de ne saisir qu'un fil à chaque point, de sorte que l'ourlet soit invisible.

**SURPIQÛRE** (figure 18). Cette technique est utile à plusieurs fins. Il m'arrive d'y faire appel pour orner une housse, ou alors seulement pour réunir deux éléments. C'est parfois plus simple d'exécuter une surpiqûre que de réaliser une couture classique ; aussi, je m'en sers souvent dans les projets que je vous propose. J'emploie alors généralement des aiguilles jumelées. On trouve des aiguilles jumelées de toutes les longueurs et de tous les calibres, mais elles ne s'adaptent pas nécessairement à toutes les machines à coudre. Vérifiez que votre machine peut les recevoir avant d'en faire l'achat. Le cas échéant, le résultat vous plaira.

**FIGURE 15 :** Point d'arrêt.

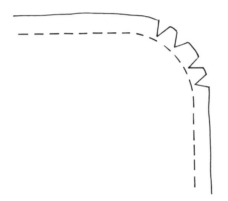

**FIGURE 16 :** Entailles dans les courbes.

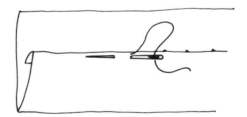

**FIGURE 17 :** Ourlet.

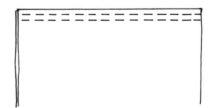

**FIGURE 18 :** Surpiqûre.

# Techniques de couture

Au long de cet ouvrage, je reviens sans cesse sur plusieurs techniques de couture. Lorsque vous les aurez maîtrisées, la confection d'une housse vous sera relativement facile.

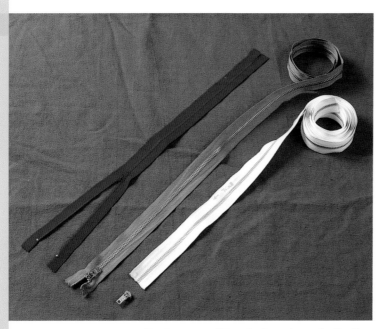

Quelques modèles de fermetures à glissière

## LA POSE D'UNE FERMETURE À GLISSIÈRE

C'est la mère de ma meilleure amie qui m'avait appris ce truc en 1965, alors que je fréquentais l'école secondaire. À cette époque, nous confectionnions nos vêtements (des shorts en madras et des jupes évasées), mais j'emploie la même technique lorsque je couds le revêtement d'un fauteuil.

**1** Épinglez les deux morceaux d'étoffe que réunira la fermeture, les bords vifs étant de même longueur (je passe toujours les bords vifs à la surjeteuse avant toute chose). Faites une marque à l'endroit où la fermeture se terminera et commencez à coudre en ayant réglé votre machine sur le point de bâti le plus long (6 mm), sur une longueur de 2 cm. Faites un point arrière là où la fermeture se termine, et continuez à coudre le long de la ligne de couture à l'aide d'un point standard (figure 19).

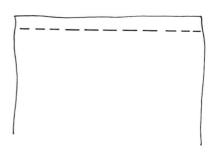

**FIGURE 19 :** Bâtissez une couture qui retiendra la fermeture à glissière.

**2** À l'aide d'un fer à repasser, pressez la couture de sorte qu'elle soit ouverte. D'un côté, pressez un léger pli de 3 mm de large à partir de la ligne de couture. Alignez ce bord plié à proximité des maillons de la fermeture, et épinglez-les. En vous servant du pied à semelle étroite de la machine à coudre, faites un trait de couture près du pli, en prenant soin de ne pas piquer la ligne de couture, ni au-delà de cette limite. Retirez les épingles à mesure que progresse le trait de couture (figure 20).

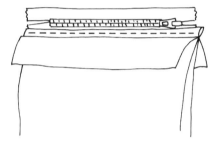

**FIGURE 20 :** Cousez l'un des côtés de la fermeture.

**3** Posez cette section à plat, à l'envers, et commencez à épingler l'autre côté de la fermeture sur la ligne de couture ; tracez ensuite un trait de couture à l'aide d'un point standard le long de la fermeture à glissière. Bloquez les points de couture à l'extrémité, retournez l'étoffe pour former un angle droit et faites plusieurs points arrière de biais sur l'extrémité de la fermeture, en prenant garde de ne pas en coudre le butoir métallique (figure 21).

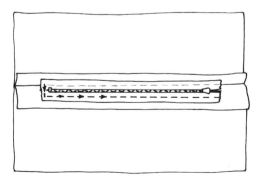

**FIGURE 21 :** Cousez l'autre côté de la fermeture.

**4** À l'aide du découseur, défaites avec précaution les points de bâti de la couture (figure 22).

Vous avez à présent une fermeture à rabat parfaitement exécutée. Cette technique vous sera utile lors de la confection de coussins et d'oreillers, pour réaliser les coutures à arête arrière de vos housses, en un mot pour tous les projets qui nécessitent une fermeture à glissière. Cette méthode semble, à juste titre, un peu plus fastidieuse que de poser simplement la même fermeture à l'envers d'une couture. Mais le travail est de loin plus soigné, et l'effort en vaut la peine.

On trouve des fermetures à glissière servant au revêtement de meubles chez la plupart des marchands d'étoffe. Leur longueur varie entre 91,5 et 122 cm. S'il vous en faut une plus courte, vous pouvez prendre une fermeture à glissière pour la confection de vêtements – qui peut faire 68,5 cm de long, ou moins. Si au contraire il vous en faut une très longue, par exemple pour le coussin d'un canapé qui ferait jusqu'à 1,8 m de long, on trouve de la fermeture à glissière vendue au centimètre, de même que des pattes que l'on pose soi-même. Il suffit alors de coudre du galon croisé aux deux extrémités en guise de butoir.

N'ayez crainte lorsqu'il faut poser des fermetures à glissière. Cette technique est relativement simple à maîtriser ; il suffit de s'y exercer.

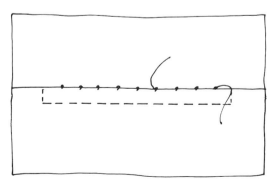

**FIGURE 22 :** Retirez les points de bâti.

## CONFECTION D'UN COUSSIN À PLATE-BANDE

Il s'agit d'un coussin doté d'une plate-bande qui délimite son épaisseur. On a donc l'envers et l'endroit du coussin, en plus de la plate-bande qui en borde les quatre côtés (figure 23).

**1** La manière dont je m'y prends afin de tailler les faces inférieure et supérieure qui s'ajusteront bien au coussin consiste à poser ce dernier sur l'envers de l'étoffe, d'en dessiner le pourtour à l'aide d'une craie, de retourner le coussin et d'en tracer de nouveau le contour, de façon à disposer des deux faces. Il faut indiquer la position de chacune (i ou s), prévoir une réserve de 1,5 cm pour la couture, et tailler.

**2** Vous taillerez deux bandes d'étoffe afin de confectionner la plate-bande du coussin ; la première couvrira la façade et quasiment les deux côtés, tandis que la seconde couvrira l'arrière et un peu des côtés. Mesurez la circonférence du coussin. Taillez une bande qui soit suffisamment longue pour couvrir la façade et les côtés et se terminer à près de 5 cm des angles arrière. La largeur de cette bande doit faire 2,5 cm de plus que la profondeur du coussin ; il faut donc prévoir une réserve de 1,5 cm pour la couture de chaque côté. Taillez l'autre bande, à laquelle la fermeture à glissière sera adjointe, de sorte qu'elle soit suffisamment longue pour couvrir la bordure arrière et dépasser de 7,5 cm chacun des angles arrière. La largeur de cette bande doit excéder de 6,5 cm la profondeur du coussin, en prévision de la réserve pour la couture et de la pose de la fermeture.

**3** Faites une couture le long du trait de craie des faces supérieure et inférieure en employant un point passé (6 mm). Il s'agira de votre repère. Faites de même le long des lignes de couture de 1,5 cm des bandes formant la plate-bande. Indiquez à l'aide d'épingles droites le centre de la façade et de l'arrière des faces supérieure et inférieure. De plus, indiquez le centre de chacune des bandes de la plate-bande. Si vous désirez que le coussin soit bordé d'un passepoil, fixez celui-ci aux faces supérieure et inférieure en le cousant exactement sur la ligne de repère (figure 24). Cousez une fermeture à la bande qui fera l'arrière du coussin, en observant les indications de la page 20.

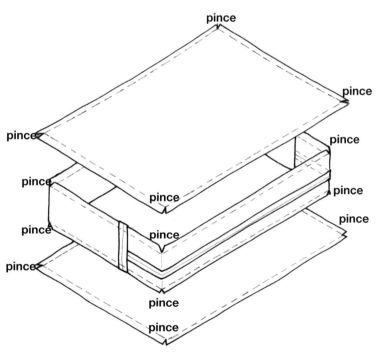

**FIGURE 23** : Confection d'un coussin à plate-bande.

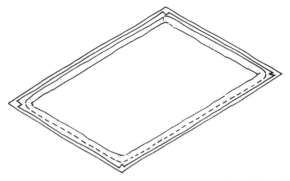

FIGURE 24 : Si vous désirez que le coussin soit bordé d'un passepoil, fixez celui-ci aux faces supérieure et inférieure en le cousant exactement sur la ligne de repère avant de coudre la plate-bande.

**4** Commencez à épingler la plus longue des bandes (qui forme la façade et une bonne partie des côtés) à la face supérieure du coussin, en faisant correspondre les centres et en alignant les coutures de repère. Pratiquez de petites pinces aux angles de la bande, qui n'excèderont toutefois pas la ligne de repère. Épinglez la bande arrière (qui est jumelée à la fermeture) sur la face supérieure en prenant soin d'aligner leurs centres et, de nouveau, en pratiquant des pinces aux angles arrière de la bande.

**5** Cousez les bandes là où elles se rejoignent sur les côtés, sans trop les ajuster. Vous disposerez d'un reste de la bande de façade que vous replierez afin de couvrir en partie les extrémités de l'autre bande. Ensuite, faites un trait de couture en suivant la ligne de repère sur tout le périmètre du coussin en employant un point de longueur standard et en retirant les épingles à mesure que le trait progresse. J'ai l'habitude de coudre à l'intérieur de la ligne de repère plutôt que sur cette dernière. Ainsi, l'étoffe est mieux tendue, et je suis sûre que la ligne de repère ne se verra pas lorsque je retournerai l'enveloppe du coussin. Passez la couture à la surjeteuse. Fixez la face inférieure du coussin de la même manière.

**6** Ouvrez la fermeture à glissière, retournez l'enveloppe et vérifiez que la ligne de couture ne fronce pas. Faites les retouches nécessaires, le cas échéant. Passez la housse sur le coussin et refermez.

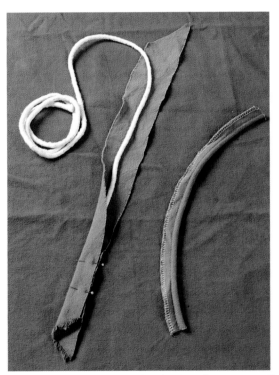

Confection d'un passepoil

## CONFECTION D'UN PASSEPOIL

On peut passepoiler d'un liséré de même couleur ou d'un ton contrasté la housse d'un coussin, les accoudoirs d'un canapé ou d'une bergère et les taies d'oreiller. On trouve dans le commerce des passepoils de toutes les sortes, qui sont parfois onéreux. Dans la plupart des cas, vous pourrez simplement utiliser un cordonnet de votre choix.

Les passepoils sont proposés en différentes grosseurs ; ils peuvent être très fins ou épais. Les grosseurs sont numérotées de zéro à neuf. Pour ma part, j'emploie le passepoil numéro un. Son diamètre est celui d'un gros crayon, et il est bon marché. Je taille toujours des bandes dans le biais pour couvrir le passepoil qui conserve ainsi sa souplesse, puisqu'il épouse mieux ensuite les courbes et les angles. Si vous souhaitez tailler de telles bandes pour cette opération, achetez 1,35 m d'étoffe de plus que la quantité nécessaire pour la housse ; vous aurez ainsi de plus longues bandes. Si vous employez une étoffe de ton contrasté, achetez-en 1,35 m. (Si l'étoffe fait 137 cm de largeur, il vous en faudra donc un carré.)

**1** Afin de tailler des bandes dans le biais, pliez l'étoffe en deux dans le sens du biais (il s'agit de la diagonale de l'étoffe, qui est justement extensible). Coupez le long du pli ; mesurez ensuite la quantité nécessaire à la confection d'un passepoil – il en faut 4,5 cm pour un cordonnet numéro un – et taillez une bande. Taillez autant de bandes que nécessaire. Un conseil : mesurez tous les endroits où vous prévoyez de poser un passepoil, couvrez un long cordonnet de cette longueur et coupez ensuite les sections dont vous avez besoin.

**2** Afin de coudre les sections de biais, épinglez les bordures selon un angle droit, de sorte que les coutures seront également de biais (voir figure 25). Ce truc permet d'atténuer l'aspect bouffant des coutures et les rend plus discrètes. Cousez et passez un fer chaud sur les coutures ouvertes.

**FIGURE 26 :** Cousez l'étoffe à proximité du cordonnet.

**3** Pliez la longue bande de biais sur le cordonnet, l'endroit vers l'extérieur, en égalisant les bords vifs. À l'aide du pied à semelle étroite de votre machine à coudre, piquez l'étoffe à proximité du cordonnet en exécutant un point légèrement plus long (figure 26).

Afin de fixer le passepoil à une section de la housse, disposez son bord vif sur le bord vif de la housse, exactement sur la ligne de couture (voilà pourquoi il importe d'avoir tracé une ligne de repère). À l'aide du pied à semelle étroite, exécutez un trait de couture près du cordonnet. Donnez un peu de mou dans les angles, et pratiquez plusieurs pinces dans la bordure du cordonnet en prenant garde de ne pas franchir la ligne de couture. Je fixe un passepoil autour des faces supérieure et inférieure des coussins à plate-bande. J'en ajoute également autour des façades ventrues des accoudoirs des fauteuils et des canapés. Lorsque vous cousez un passepoil à une section qui le jouxte, il faut coudre avec exactitude sur la ligne à laquelle le passepoil est fixé. Là où se rencontrent les extrémités du passepoil, défaites quelques points de l'une d'elles, taillez environ 1,5 cm de cordonnet, repliez cette extrémité, insérez l'autre extrémité vive et cousez à proximité du cordonnet.

Lorsque vous maîtriserez cette technique, elle vous servira à accentuer les lignes de couture d'une manière toute professionnelle.

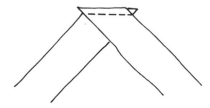

**FIGURE 25 :** Cousez les bandes de biais.

## CONFECTION D'ATTACHES

Rien n'est plus facile que de confectionner des attaches afin de réunir les bordures des housses. Il est possible de réaliser une boucle simple ou un nœud double, selon l'épaisseur de l'étoffe et l'allure que l'on recherche. Le type de nœud que vous voulez réaliser est fonction de la longueur de l'attache.

Afin de réaliser des nœuds doubles, soit les plus faciles, taillez des bandes de 20,5 sur 6,5 cm, pliez-les en deux dans le sens de la longueur, bien bord à bord, et exécutez un point standard. Cousez l'une des extrémités, décrivez un angle droit et continuez de coudre le long de la bande, en prenant soin d'exécuter un point arrière au début et à la fin (figure 27). Insérez le passe-lacet (voir page 11) et retournez l'attache (figure 28). Servez-vous de la pointe d'une pédonne afin de repousser les angles, et pressez l'attache à l'aide d'un fer chaud. Faites ainsi autant d'attaches qu'il vous en faut. Cousez-les aux bordures de la housse, aux endroits appropriés.

Si vous souhaitez faire des boucles avec les attaches, il suffit d'allonger les bandes jusqu'à 30,5 cm et de procéder de la même manière. Vous vous appuierez également sur la même technique quand il s'agira de coudre des bandes d'étoffe plus courtes qui se fixeront à l'aide de boutons ou de pressions.

Si l'étoffe est trop raide pour que vous puissiez la retourner, pliez ses bordures, envers contre envers, repliez ses bords vifs à l'intérieur et faites une surpiqûre à proximité du pli.

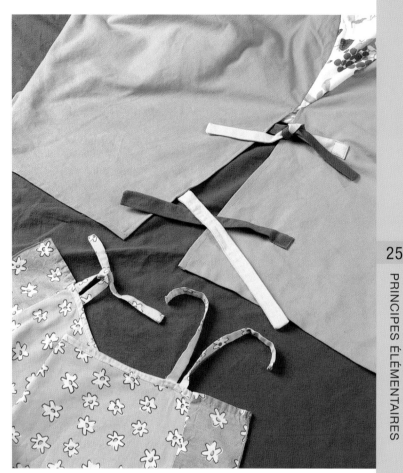

Des attaches relient les bordures de ces housses.

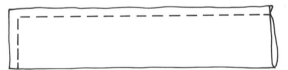

**FIGURE 27 :** Cousez l'attache en formant un angle droit.

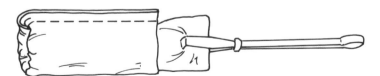

**FIGURE 28 :** Employez un passe-lacet afin de retourner l'attache sur son endroit.

## CONFECTION DE COUSSINS

Souvent, vous voudrez ajouter une note finale à l'ensemble grâce à quelques coussins que vous jetterez négligemment sur un canapé. Voilà pourquoi il faut se procurer davantage de tissu ou alors, pour parler en termes d'économie domestique, employer au mieux vos restes de tissu.

**1** Pour confectionner un coussin standard, taillez-en les deux faces en prévoyant 2,5 cm de plus que la dimension voulue. La housse doit compter 2,5 cm de moins que le coussin, que vous pouvez acheter ou faire vous-même.

**2** Décidez de la fermeture que vous souhaitez. En général, je fixe une fermeture à glissière à la bordure inférieure du coussin (page 20). Parfois, je pose des boutons à l'arrière ou je fixe un rabat à boutons sur le devant (page 28). Ajoutez la fermeture choisie à l'un des côtés du coussin.

**3** Épinglez les trois autres côtés sur l'envers et réunissez-les avec une couture de 1,5 cm. Si vous ajoutez un passepoil (page 27), cousez le long de la ligne de couture de ce dernier.

**4** Retournez la housse à l'endroit, poussez les angles à l'aide d'une pédonne et pressez les coutures. Houssez le coussin et fixez son attache.

## Variations

• Ajoutez un passepoil de ton contrasté à un coussin dont les bordures sont travaillées.

• Vous ferez un coussin passe-partout en employant deux étoffes différentes pour son envers et son endroit. Vous n'aurez qu'à les retourner pour transformer l'allure de la pièce.

• Si vous voulez réaliser un coussin à bandes de couleurs (tel que celui qui paraît à la page 52), taillez quatre carrés – deux d'une couleur, deux de l'autre – dans des restes de tissu.

• Il est facile de réaliser des fermetures d'oreillers ou de coussins à partir de ruban à boutons-pression ou de ruban velcro. Je vous enseignerai à les utiliser en temps voulu.

**CI-DESSUS :** Ruban à boutons-pression.

**CI-CONTRE :** Ruban velcro.

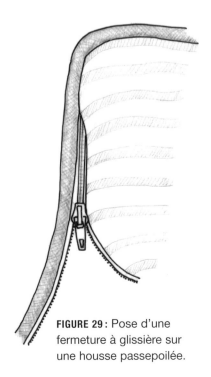

**FIGURE 29 :** Pose d'une fermeture à glissière sur une housse passepoilée.

Si vous ajoutez une fermeture à glissière à une housse bordée d'un passepoil, vous devrez procéder différemment de ce que je vous ai conseillé à la page 20. Après avoir cousu le cordonnet à la bordure supérieure de la housse, placez à l'envers la fermeture ouverte, les dents en direction du cordonnet. À l'aide du pied à semelle étroite de votre machine à coudre, faites un trait de couture à proximité des dents de la glissière (il s'y trouve une ligne servant de repère). Remontez la fermeture, épinglez-en l'autre côté sur la bordure inférieure de l'arrière de la housse, ouvrez de nouveau la fermeture et cousez à proximité des dents de l'autre côté, en prenant soin de retirer les épingles à mesure que vous progressez (figure 29).

*canapés*

# Variations sur le canapé à dossier courbe

Avec ces deux premiers projets, je vais vous enseigner à recouvrir de deux manières différentes un canapé à un seul coussin. La première variation est une housse structurée. Je recouvre le coussin, j'y ajoute un passe-poil de ton contrasté, et j'emploie des boutons couverts d'étoffe pour fixer la housse. La seconde variation favorise la décontraction. J'utilise deux grands jetés de coton afin de couvrir le canapé, sans confectionner de housse expressément pour le coussin.

**1** Tout d'abord, mesurez et taillez les éléments qui constitueront la face intérieure et l'arrière du dossier. Retirez le coussin et prenez les mesures selon les indications et les illustrations de la page 8. Ajoutez 7,5 cm de chaque côté en guise de réserve pour les coutures, et taillez l'étoffe. Si la largeur de l'étoffe ne suffit pas à couvrir l'intérieur et l'extérieur du dossier, taillez un élément qui en couvrira l'intérieur et un autre qui en couvrira l'extérieur.

**2** Afin que l'étoffe épouse la courbe supérieure du dossier, disposez-la sur l'envers, à l'arrière du canapé, et épinglez la réserve pour la couture ultérieure le long de l'arête. (On peut procéder de la sorte pour un ou deux morceaux d'étoffe à la fois.) Retirez cet élément et passez une couture le long du trait épinglé, en retirant les épingles à mesure que vous progressez. Remettez l'étoffe sur le canapé, à l'endroit cette fois, afin de vérifier que la couture épouse bien la ligne du dossier. Lorsque vous serez sûre que l'ajustement convient, passez cette couture à la surjeteuse.

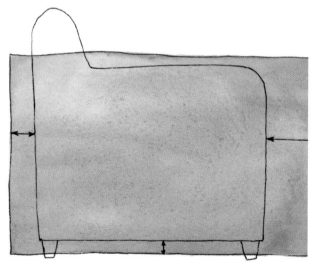

**FIGURE 1 :** Lorsque vous mesurez l'étoffe nécessaire à la confection des accoudoirs, prévoyez-en davantage afin de réaliser les plis en façade.

# Housse structurée pour canapé à dossier courbe

Si vous projetez de recouvrir un grand canapé (celui-ci fait 1,8 m de long), choisissez une étoffe unie de façon à pouvoir l'employer à contrefil (voir page 8), ce qui réduira le nombre de coutures.

**3** Il faut ensuite tailler l'étoffe afin de recouvrir les accoudoirs. Pour ce faire, suivez les indications de la page 12. Si la façade des accoudoirs comporte des plis qui se chevauchent, fixés par des boutons comme sur celle que l'on voit ici, il vous faudra 15,5 cm d'étoffe supplémentaire qui s'étendront au-delà de la façade de chaque accoudoir. Prévoyez également 7,5 cm de réserve pour le pli, et 5 cm pour l'ourlet (figure 1). Taillez deux morceaux d'étoffe, un pour chaque accoudoir.

**4** Disposez les éléments constituant le dossier sur le canapé, à l'envers cette fois, et disposez une pièce d'accoudoir, à l'envers également. Laissez l'élément formant l'accoudoir dépasser comme il se doit au-delà des bordures de la façade et de l'arrière (figure 1). Là où l'intérieur du dossier rejoint l'intérieur de l'accoudoir, coupez le surplus d'étoffe en prenant soin de conserver la réserve pour le pli. Épinglez ensemble ces deux éléments, puis procédez de même avec l'autre accoudoir.

**5** En ce qui concerne la couture extérieure arrière, là où se rencontrent les accoudoirs et l'arrière du dossier, repliez le bord de l'élément arrière du dossier de manière à former un ourlet de 2,5 cm. L'arrière chevauchera de 2,5 cm les accoudoirs. Cela signifie que, lorsque vous les retournerez sur l'endroit, les bords arrière des accoudoirs chevaucheront le dossier afin de former des bords travaillés dans lesquels vous percerez par la suite des boutonnières et coudrez des boutons.

**6** Retirez la housse et piquez les bordures que vous venez d'épingler, soit l'intérieur du dossier avec l'intérieur des accoudoirs, en retirant les épingles à mesure que vous progressez. Passez ensuite ces coutures à la surjeteuse.

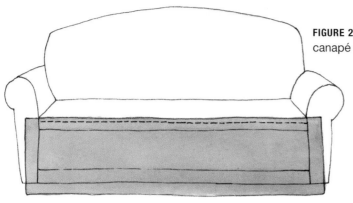

**FIGURE 2 :** Le morceau d'étoffe devrant couvrir la façade du canapé doit dépasser des bordures latérales.

**7** Posez la housse à l'endroit sur le canapé et lissez la réserve pour pli jusque dans les angles intérieurs. Mesurez et taillez le tablier en suivant les indications de la page 13, et prévoyez une réserve pour pli de 10,5 cm sur trois des côtés (le long des accoudoirs et de l'intérieur du dossier). Épinglez le tablier sur l'intérieur du dossier et sur les accoudoirs, endroit contre endroit, faites une couture et passez les bords vifs à la surjeteuse. À la ligne intérieure des accoudoirs, le tablier se terminera à 5 cm de la façade du canapé.

**8** Afin de tailler un morceau d'étoffe qui couvrira la façade du canapé, prenez les mesures en suivant les indications de la page 12, et ajoutez 5 cm pour réaliser l'ourlet (figure 2). Taillez le morceau.

**9** En appariant les centres, épinglez cet élément de la façade sur la bordure avant du tablier, endroit contre endroit. Ensuite, faites un point de couture à partir de l'intérieur des accoudoirs et en y revenant. L'étoffe dépassera des deux bordures latérales (figure 2). Faites un ourlet de 5 cm sur les bords supérieurs et latéraux des morceaux d'étoffe qui dépassent, et un ourlet de 2,5 cm sur le bord inférieur. Lorsque l'étoffe est bien rentrée dans les creux, ce qui dépasse s'étend au-delà de la façade des accoudoirs. C'est là que vous poserez plus tard les boutons qui assujettiront la housse.

**10** Posez la housse à l'endroit sur le canapé et lissez les réserves pour replis. Le moment est venu de mettre en place, d'apporter les ajustements nécessaires et d'épingler les éléments de la façade des accoudoirs. Lissez l'étoffe des accoudoirs en direction de l'extérieur de la façade. Fixez-la en place à l'aide d'épingles en T. Ramenez les éléments extérieurs de l'accoudoir vers la façade et exécutez les plis à votre goût. Afin de reproduire ce que l'on voit ici, faites deux plis. Un troisième se formera lorsque vous ferez chevaucher l'élément extérieur sur les deux autres.

**11** Taillez le surplus d'étoffe, passez à la surjeteuse tous les bords vifs, et repliez un mince ourlet de 6 mm à l'intérieur de l'accoudoir. Faites une piqûre nervure afin de retenir les deux plis ; cette couture se terminera là où l'élément extérieur les chevauche (figure 3).

**FIGURE 3 :** Exécutez une piqûre nervure afin de fixer les deux plis en façade de l'accoudoir.

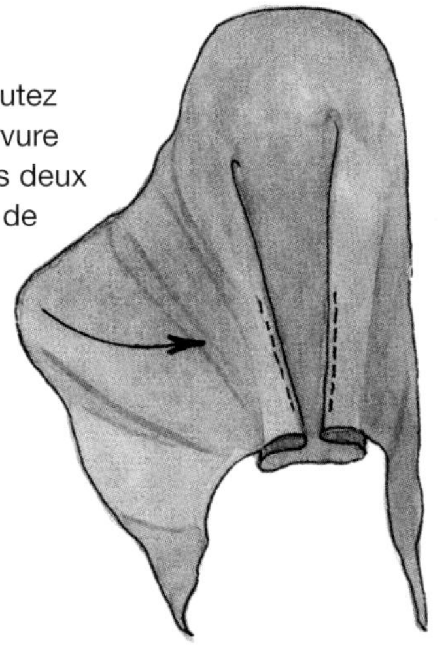

**12** Repliez 5 cm d'étoffe pour réaliser un ourlet latéral sur l'élément extérieur. C'est là que vous percerez deux boutonnières destinées à la fermeture (photos 1 et 2).

**13** Remettez la housse sur le canapé et lissez fermement toutes les réserves pour replis. Marquez l'ourlet le long du sol sur les côtés et sur l'arrière, et indiquez la position des boutonnières sur la façade des accoudoirs ainsi que sur les arêtes arrière.

**14** Retirez la housse, taillez l'ourlet le long de la ligne du sol sur les côtés et sur l'arrière pour qu'il fasse 2,5 cm, passez le bord vif à la surjeteuse et faites un ourlet invisible, soit à la machine, soit à la main. Faites les boutonnières à la machine en fonction des boutons choisis. Couvrez les boutons d'une étoffe de ton contrasté et cousez-les.

**15** Reportez-vous à la page 22 pour confectionner un coussin à plate-bande, et à la page 23 si vous désirez fabriquer un passepoil et en border le coussin.

**16** Posez la housse sur le canapé, lissez toutes les réserves pour replis, rectifiez les plis des accoudoirs et boutonnez-les. Posez le grand coussin sur le tablier du canapé, jetez-y quelques petits coussins, et admirez votre travail !

**PHOTOS 1 ET 2 :** Posez des boutons afin de fixer le repli de l'accoudoir.

# Housse décontractée pour canapé à dossier courbe

Cette seconde variation est réalisée avec deux jetés de pur coton bon marché, l'un étant un peu plus large que l'autre. Les carrés utilisés ici mesurent 223,5 cm sur 270 cm et 163 cm sur 218,5 cm. Les imprimés de ce genre sont proposés en une multitude de motifs et de couleurs. En outre, ils sont doux, confortables et faciles d'entretien.

**1** Les quatre étapes qui vont de la mise en place à l'épinglage (page 17) constituent la base de la réalisation de cette housse. Afin de décider comment vous souhaitez qu'apparaisse le motif ou l'imprimé, posez les jetés sur le canapé et voyez de quoi ils ont l'air sur chaque élément du meuble. En premier lieu, disposez le plus grand des jetés sur la base du canapé (c'est-à-dire la façade, le coussin, l'intérieur du dossier et l'arrière du dossier). Posez-le à l'envers (les jetés sont suffisamment minces pour que l'on puisse voir les motifs sur leur envers) et vérifiez qu'il est bien centré. Disposez le bord travaillé le long de la façade de sorte qu'il frôle le sol. Ramenez le reste sur le coussin, lissez l'étoffe et prévoyez une réserve de 15 cm pour le repli entre l'arrière du coussin et l'intérieur du dossier. Ramenez ensuite l'étoffe sur le dossier et laissez-la retomber à l'arrière.

**2** Afin que le jeté épouse la courbe du dossier, épinglez le surplus d'étoffe, depuis un angle extérieur en direction de l'autre, de sorte que le bord travaillé frôle le sol à l'arrière du canapé. Ainsi, vous n'aurez pas à ourler le bord.

**3** À l'aide d'une craie, tracez un trait là où l'intérieur du dossier touche l'intérieur des accoudoirs, et là où le coussin touche l'intérieur des accoudoirs.

**4** Retirez la housse, ajoutez 15 cm par rapport aux traits que vous venez de tracer en guise de réserve pour replis et taillez le surplus sur les deux bords latéraux, en prenant soin de conserver suffisamment d'étoffe pour que le bord travaillé du jeté frôle le sol devant le canapé (figure 4). Faites un point de couture sur le bord courbe que vous avez épinglé précédemment, en ôtant les épingles à mesure que vous progressez.

**5** Posez la housse à l'envers sur le canapé, centrez-la et lissez la réserve pour replis entre le coussin et l'intérieur du dossier. Assurez-vous que le point de couture que vous venez de réaliser se trouve bel et bien sur la courbure du dossier.

**6** Passez ensuite aux accoudoirs. Rectifiez la position du second jeté jusqu'à trouver celle qui associe le mieux l'imprimé et les accoudoirs. Faites en sorte que le bord travaillé du jeté dépasse de la façade de l'accoudoir et frôle le sol ; ainsi, vous n'aurez pas à l'ourler. Le jeté devrait également dépasser d'environ 5 cm de l'arête arrière de l'accoudoir.

**7** À l'aide d'une craie, tracez des lignes là où l'intérieur du dossier touche l'intérieur de l'accoudoir, et là où le coussin touche l'intérieur de l'accoudoir.

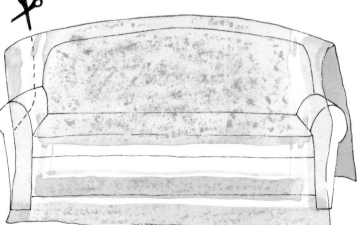

**FIGURE 4 :** Coupez le surplus d'étoffe des deux côtés du jeté.

**8** Retirez le jeté, prévoyez 15 cm de plus par rapport aux lignes que vous avez tracées en vue de la réserve pour replis, tracez une seconde ligne et taillez le long de celle-ci. Cet élément peut à présent vous servir de patron pour tailler la pièce de l'autre accoudoir : posez les envers l'un sur l'autre, faites correspondre les motifs et taillez.

**9** Posez les morceaux à l'envers sur les accoudoirs en vous assurant que les bords travaillés frôlent le sol de chaque côté extérieur du canapé. Commencez à épingler un accoudoir à la base de la housse. La réserve pour replis est bien mince à l'angle intérieur supérieur ; aussi, épinglez solide-ment les éléments à cet endroit et le long de l'arête arrière. Épinglez l'intérieur du dossier et l'intérieur de l'accoudoir en n'oubliant pas que vous disposerez à cet endroit d'une réserve pour replis de 15 cm (figure 5). Continuez d'épingler le long du coussin et de l'intérieur de l'accoudoir jusqu'à ce que vous parveniez à la bordure de façade du coussin. Procédez de même pour l'autre accoudoir.

**10** Retirez la housse et faites un point de couture, en enlevant les épin-gles à mesure que vous progressez.

**PHOTO 3 :** Les angles travaillés devraient retomber sur la façade des accoudoirs.

**11** Remettez la housse sur le canapé, à l'endroit cette fois, et lissez les réserves pour replis. À présent, il faut déter-miner le plissé en façade des accoudoirs. Sur la housse de la photo 3, j'ai façonné un pli rond au centre de la façade de l'accoudoir, puis j'ai replié l'intérieur vers le devant, et l'extérieur de l'accoudoir par-dessus le pre-mier pli. Le bord travaillé du jeté tombe droit par rapport à la bordure du coussin.

**12** Confectionnez deux attaches pour retenir les éléments qui couvrent chaque accoudoir. Fixez-en une au bord de la face extérieure de l'accoudoir et l'autre à l'intérieur de celui-ci. Assurez-vous que la seconde attache se trouve sous la ligne que forme le coussin. Les angles travaillés du jeté doivent tomber devant l'accoudoir et toucher le sol (photo 3).

**13** Employez les restes de tissu pour housser des coussins, le cas échéant. Voyez comment cette housse toute simple peut transformer l'allure d'une pièce !

**FIGURE 5 :** Il faut prévoir une réserve pour replis lorsqu'on épingle l'intérieur du dossier et l'intérieur de l'accoudoir.

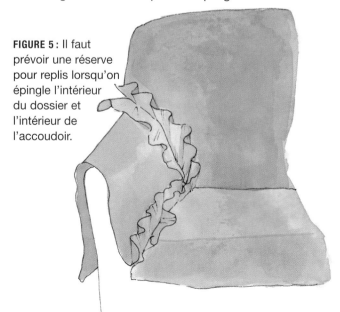

# Canapé standard houssé d'une nappe

Pour réaliser cette housse inhabituelle, j'ai employé une grande nappe de pur coton au joli motif de fruits et je l'ai mariée à trois couleurs unies. Le canapé, un modèle au dossier recourbé, aux accoudoirs courbes et aux jolis pieds de bois, appartenait à ma grand-mère, et il se trouve à présent dans ma cuisine. C'est pourquoi les fruits de l'imprimé m'ont séduite. Puisque l'on trouve des nappes de toutes sortes, il y a fort à parier que vous aussi en dénicherez une qui conviendra à votre intérieur.

**1** Posez la nappe sur le canapé en alignant un de ses bords travaillés sur la bordure inférieure de la façade ; vous éviterez ainsi d'avoir à l'ourler. Lissez la nappe en remontant vers le coussin et lissez-la vers le dossier, en prévoyant une réserve de 7,5 à 15 cm pour les replis entre le coussin et le dossier, puis entre le coussin et les accoudoirs. Continuez à lisser la nappe en remontant du dossier jusqu'à l'arête supérieure.

**2** Afin que la nappe épouse la courbe extérieure du dossier, taillez ses angles et taillez le surplus pour qu'elle se moule sur les accoudoirs, tout en prévoyant des réserves pour les coutures et les replis (figure 1).

**FIGURE 1 :** Lignes de coupe du tissu en trop.

**FIGURE 2 :** Faites des nervures aux angles extérieurs du dossier. Posez un passepoil à la bordure supérieure du dossier, si vous le souhaitez.

**3** Faites des plis ou des nervures aux angles supérieurs de l'intérieur du dossier pour résorber l'ampleur de l'étoffe. J'ai ajouté un passepoil le long de la couture qui borde la partie supérieure du canapé. Si vous désirez en faire autant, suivez les indications qui figurent à la page 23. Épinglez le passepoil sur la bordure courbe entre les deux extrémités de la bordure supérieure (figure 2). Cousez-le à l'aide du pied guide-cordonnet de votre machine à coudre.

**4** Pour réaliser l'arrière du dossier, mesurez-le en suivant les indications de la page 12. Ajoutez 2,5 cm en guise de réserve pour les coutures et taillez la pièce dans une étoffe de couleur unie.

**5** Posez les éléments à l'envers sur le canapé. Afin de faire correspondre l'arrière et l'intérieur du dossier, épinglez l'élément arrière sur l'arête supérieure le long du trait de couture du passepoil, arrondissez les bords extérieurs à partir la jonction entre les accoudoirs et le dossier. Retirez la housse et faites un point de couture en employant encore le pied guide-cordonnet. Passez la couture à la surjeteuse. Laissez les deux côtés ouverts entre le haut des accoudoirs et l'ourlet. Vous y fixerez des attaches plus tard.

**6** Mesurez les accoudoirs en suivant les indications de la page 12 et taillez deux morceaux d'étoffe unie.

**7** Remettez la nappe sur le canapé, de même que les éléments des accoudoirs, à l'envers cette fois. Assurez-vous que la nappe est alignée comme il se doit sur le devant et sur la bordure supérieure, et que tous les replis sont bien lisses. Commencez à épingler les éléments des accoudoirs sur la nappe le long de la courbe intérieure de ceux-ci. Là où l'intérieur des accoudoirs touche le siège, prévoyez une réserve pour replis de 10 à 15 cm, et arrondissez les angles lorsque nécessaire.

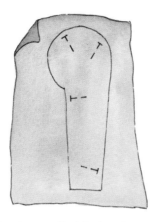

**FIGURE 3 :**
Dessinez un patron de la façade des accoudoirs.

Vous devrez faire des replis à la bordure avant du coussin, là où les accoudoirs touchent ce dernier, afin de résorber l'ampleur de la profondeur du coussin. Retirez les éléments et cousez-les.

**8** Pour confectionner cette housse, vous devrez dessiner un patron de la façade de chacun des accoudoirs. En vous servant d'épingles ou de ruban adhésif, posez du papier journal sur une des façades. Tracez à l'aide d'un feutre le pourtour de l'accoudoir (figure 3). Retirez le papier et ajoutez une réserve de 1,5 cm pour les coutures. Vous avez en mains votre patron. Découpez-le et employez-le pour tailler deux façades d'accoudoir dans une étoffe unie. Prenez ces deux morceaux d'étoffe et cousez au point d'arrêt un repère de 1,5 cm à l'intérieur de leurs pourtours.

**9** Vous fixerez un passepoil de ton contrasté sur toutes les courbes extérieures de ces éléments afin de les assembler. Mesurez les pourtours de la façade d'un accoudoir et couvrez deux cordonnets suffisamment longs pour passepoiler les façades. Disposez les passepoils le long de la façade des accoudoirs en les faisant correspondre aux repères exécutés au point d'arrêt, et en pratiquant au besoin des incisions dans les courbes. Épinglez-les et cousez-les à l'aide du pied guide-cordonnet de votre machine.

**10** Remettez la housse sur le canapé, à l'envers cette fois. Épinglez la façade de l'un des accoudoirs, encore à l'envers, à l'aide d'épingles en T. Faites de petits plis ou des pinces afin de résorber l'ampleur de l'étoffe sur les courbes supérieures et extérieures. Continuez d'épingler le contour de la façade le long de la ligne de couture, là où vous avez cousu le passepoil. Épinglez l'autre accoudoir, retirez la housse et cousez les éléments exactement sur la ligne de couture du passepoil, à l'aide du pied guide-cordonnet de votre machine. Passez cette couture à la surjeteuse.

**11** Taillez huit morceaux d'étoffe unie mesurant 6,5 cm sur 30,5 cm, et faites huit attaches en suivant les indications de la page 25. Cousez les attaches aux endroits opportuns, soit deux paires sur les arêtes latérales arrière de la housse et deux paires sur les bordures correspondantes. Elles serviront de fermeture (photo 1).

**12** Confectionnez des coussins de chacune des couleurs unies à partir des indications de la page 26. Assortissez les couleurs et bordez les coussins d'un passepoil de ton contrasté.

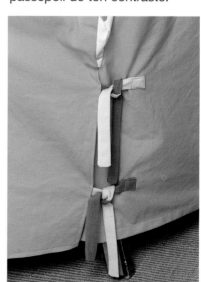

**PHOTO 1 :**
La mise en place.

# Canapé à six coussins

La confection de cette housse exige beaucoup plus de temps que les autres proposées dans cet ouvrage, en raison du nombre de coussins, mais elle reste relativement simple à exécuter. Il s'agit de recouvrir d'abord la base, pour ensuite fabriquer six coussins à plate-bande. J'ai choisi des étoffes de même texture mais de tons contrastés, afin de pouvoir assortir à mon gré les coussins du siège et du dossier.

**1** Retirez tous les coussins, mesurez et taillez l'étoffe nécessaire à l'intérieur et à l'extérieur du canapé en suivant les indications de la page 12. Utilisez l'étoffe à contrefil et ajoutez 10 cm comme réserve pour les coutures. Si vous employez une étoffe qui fait 137 cm de large, vous devriez en avoir suffisamment pour couvrir l'intérieur et l'arrière du dossier, ainsi que pour ourler l'arrière du dossier.

**2** Pour la partie des accoudoirs, mesurez et taillez l'étoffe en suivant les indications de la page 12. Ajoutez 5 cm de réserve pour les coutures à la bordure extérieure arrière de chaque accoudoir, et une réserve de 7,5 cm pour les coutures et l'ourlet à la bordure inférieure de chacun. Si l'étoffe est imprimée ou comporte un motif, comme celle que j'ai utilisée, reportez-vous à la page 17 afin de décider de la position des motifs, et taillez vos éléments en conséquence.

**3** Posez l'étoffe à l'envers sur l'un des accoudoirs. Ramenez la partie extérieure de l'accoudoir vers la façade et commencez à l'épingler le long de la bordure intérieure de l'accoudoir à partir du tablier du canapé. Continuez à épingler la bordure supérieure de la façade de l'accoudoir jusqu'à l'angle extérieur de l'accoudoir. Retirez la pièce de l'accoudoir et cousez-la en ôtant les épingles à mesure que vous progressez. Passez la couture à la surjeteuse. Procédez de même pour l'autre accoudoir.

**4** Afin de fixer les accoudoirs à l'intérieur et à l'arrière du dossier, posez tous les éléments à l'envers sur le canapé. Commencez à les épingler là où ils se joignent sur la face intérieure du dossier et des accoudoirs. D'un côté, épinglez également de haut en bas l'arrière du dossier et la couture arrière de l'accoudoir. N'épinglez pas l'autre bordure arrière ; vous y fixerez une fermeture à glissière plus tard afin que la housse soit amovible.

**5** Enlevez la housse et cousez-la en retirant les épingles à mesure que vous progressez. Passez les coutures à la surjeteuse.

**6** Remettez la housse sur le canapé, encore à l'envers. Mesurez et taillez le tablier en suivant les directives de la page 13. Épinglez le tablier sur les accoudoirs et à l'intérieur du dossier. Enlevez ensuite la housse, cousez-la en retirant les épingles à mesure que vous progressez. Passez les coutures à la surjeteuse.

**PHOTO 1 :** Posez une fermeture à glissière le long de la bordure arrière qui n'est pas cousue.

**7** Si l'étoffe choisie comporte un motif ou une texture dont il faut tenir compte du sens ou des formes, ainsi qu'il en est de mon modèle, la taille de la façade du canapé est un peu plus complexe. Vous ne pourrez probablement pas utiliser l'étoffe à contrefil. À la place, en prenant garde à l'alignement des motifs, vous devrez tailler un morceau d'étoffe pour couvrir la façade du canapé jusqu'au sol, ajouter une réserve de 5 cm pour l'ourlet et une autre réserve d'environ 15 cm pour le repli sur le tablier. S'il s'agit d'un long canapé, vous aurez probablement à tailler plusieurs éléments additionnels afin de recouvrir la totalité de sa façade. J'ai taillé trois sections en tout, en prêtant attention à l'appariement des motifs. Cousez les éléments de la façade et passez les coutures à la surjeteuse.

**8** Remettez la housse sur le canapé, à l'envers cette fois, et épinglez les éléments de la façade du canapé et des accoudoirs. Épinglez ensuite l'intérieur des accoudoirs le long des arêtes du tablier. Retirez la housse, cousez les éléments et passez les coutures à la surjeteuse.

**9** Afin de fixer la façade au tablier du canapé, épinglez-les et faites une surpiqûre.

**10** Posez la housse sur le canapé, à l'endroit cette fois. Épinglez l'ourlet tout le long du pourtour du canapé. Retirez la housse, coupez le surplus de tissu (j'ai prévu 2,5 cm pour l'ourlet), passez le bord vif à la surjeteuse et ourlez-le à l'aide d'un point invisible.

**11** Fixez une fermeture à glissière le long de la bordure arrière en suivant les indications de la page 20. J'ai employé la plus longue fermeture du commerce que j'ai pu trouver dans une couleur assortie et je l'ai installée de sorte qu'on puisse l'ouvrir de bas en haut (photo 1).

**12** Couvrez les six coussins en suivant les indications de la page 22. Posez les coussins sur le canapé en les mariant comme bon vous semble. Jetez-y négligemment plusieurs autres coussins, et la pièce s'enorgueillira d'un élément aussi coloré.

**ON PEUT VARIER L'ALLURE D'UN CANAPÉ** qui comporte plusieurs coussins en n'employant que deux étoffes, l'une pour la base, l'autre pour les coussins.

# Causeuse au rythme du monde

Voici un autre projet qui requiert un type d'étoffe différente de celle dont on se sert habituellement pour le recouvrement des fauteuils. Ici, une étoffe africaine confère une touche d'originalité à une causeuse très banale. Elle est un peu plus onéreuse que les tissus courants mais, si vous recouvrez une petite causeuse, le résultat en vaudra l'investissement. Cette étoffe africaine est faite de bandes de tissu d'environ 15 cm de large qui sont tissées à la main ou cousues à la machine ; on peut donc facilement remplacer une bande ou deux afin de modifier la taille de l'étoffe au besoin. Pour housser cette causeuse, qui fait un peu moins de 1,8 m de long, j'ai utilisé deux grandes pièces d'étoffe et deux pièces plus petites. Les grandes pièces mesurent approximativement 1,2 m sur 1,8 m, alors que les plus petites font environ 1 m sur 1,2 m.

**1** Posez une grande pièce d'étoffe sur l'intérieur du dossier et le siège de la causeuse, de sorte qu'elle s'arrête au bord du coussin. Prévoyez une réserve de 15 cm pour les replis, là où le coussin touche le dossier.

**2** Mesurez la hauteur qui sépare l'arête du coussin et le sol. Retirez quelques bandes de la seconde grande pièce d'étoffe afin de confectionner les éléments de la façade de la causeuse. Les bandes détachées vous serviront plus tard à couvrir l'appui du dossier et la façade des accoudoirs, et à fabriquer des coussins.

**3** Prenez les deux pièces élaborées aux étapes précédentes, et surpiquez-les en fonction de la largeur exacte du coussin. Le reste de l'étoffe ne sera pas surpiqué.

**4** Afin de réaliser la bordure avant, là où la façade rejoint le devant des accoudoirs, faites un ourlet de 5 cm et cousez-le à la main, ou bien à l'aide du pied ourleur de votre machine. Vous y ajouterez par la suite un cordonnet de chanvre et des boutons en os.

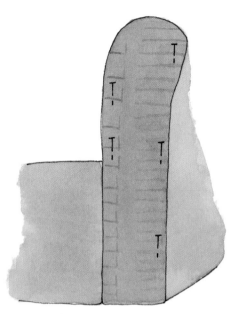

**FIGURE 1 :** Faites glisser un morceau d'étoffe sous chacun des accoudoirs et épinglez-le pour qu'il tienne en place.

**5** Il est facile de couvrir des accoudoirs aux lignes droites et angulaires comme ceux-ci. Posez l'une des petites étoffes sur chacun des accoudoirs, en prévoyant une réserve pour les replis entre l'accoudoir et le coussin. (Si les morceaux d'étoffe sont trop longs et qu'ils touchent le sol, vous les recouperez et les ourlerez plus tard.) Placez-les de telle sorte que le bord de l'étoffe soit à égalité avec la bordure avant des accoudoirs. Ajoutez, à la façade de chaque accoudoir, l'une des bandes que vous avez retirées à la deuxième étape. Pour cela, il suffit de faire glisser la bande d'étoffe sous la petite pièce d'étoffe jusqu'à ce qu'elle couvre l'accoudoir, puis d'épingler ensemble les bordures des deux pièces à partir du sol en remontant l'arête extérieure de l'accoudoir de manière à en faire le tour jusqu'au coussin (figure 1). N'oubliez pas de prévoir une réserve de 5 cm pour l'ourlet de la housse. Surpiquez les deux éléments. Procédez de même pour l'autre accoudoir.

**6** Prévoyez une réserve de 7,5 cm pour les replis de chaque côté, là où l'intérieur du dossier joint l'intérieur des accoudoirs. Coupez en diagonale tout surplus d'étoffe. Épinglez l'intérieur des accoudoirs sur l'intérieur du dossier. Continuez d'épingler l'intérieur des accoudoirs sur l'étoffe qui couvre le coussin, en conservant une réserve de 15 cm pour les replis sur tous les éléments. Épinglez ainsi jusqu'à la bordure avant du coussin.

**7** Retirez la housse et piquez les coutures à la machine en enlevant les épingles à mesure que vous progressez. Passez ensuite les coutures à la surjeteuse.

**8** J'ai employé ici du coton noir pour couvrir l'arrière du dossier, plutôt que de l'étoffe africaine plus coûteuse, étant donné que la causeuse doit être adossée à un mur. Si vous désirez couvrir l'arrière du dossier avec la même étoffe africaine, il vous en faudra une grande pièce de plus. Taillez l'étoffe de votre choix selon les exactes largeur et hauteur de l'arrière de la causeuse, auxquelles vous ajouterez 5 cm de réserve pour les coutures et 5 cm pour l'ourlet. Cousez cette pièce à la face intérieure du dossier, le long de la bordure supérieure. Passez les bords vifs des faces latérales et l'ourlet à la surjeteuse, et surpiquez-les.

**9** Afin de terminer l'arête arrière de l'extérieur des accoudoirs, vous pourriez devoir ajouter quelques-unes des bandes que vous aviez retirées de la grande pièce d'étoffe à la deuxième étape. Surpiquez une bande d'étoffe le long de chaque arête arrière, en prévoyant un ourlet de 5 cm au bas et entre 7,5 et 10 cm d'étoffe pour le repli vers l'arrière de la causeuse (photo 1).

**10** Faites un pli là où l'intérieur du dossier touche l'angle extérieur supérieur de chacun des accoudoirs, de manière à résorber le surplus d'étoffe, et épinglez-le. N'épinglez pas les sections où le surplus d'étoffe retombe à l'arrière, pour permettre à la housse de rester amovible. Retirez la housse et piquez les coutures épinglées.

**11** Remettez la housse sur la causeuse et ajustez les replis. Roulez un ourlet de 5 cm sur les côtés de la causeuse et épinglez-le.

**12** Retirez la housse, passez à la surjeteuse les bords vifs de l'ourlet que vous venez de mesurer et cousez-le à l'aide du pied ourleur de votre machine.

**13** Pour les attaches de la façade, cousez des boutons en os et des perles d'inspiration africaine qui seront tenus par des brides en corde de chanvre (photo 2).

**14** Confectionnez des coussins à partir des restes d'étoffe en vous servant de tissus coordonnés pour l'envers, si vous le désirez.

**PHOTO 1 :** Au besoin, ajoutez une bande d'étoffe de chaque côté pour compléter la bordure arrière de la housse.

**PHOTO 2 :** Cousez des boutons, des billes et des brides de chanvre afin de fermer la housse sur sa façade.

# *fauteuils et ottomanes rembourrés*

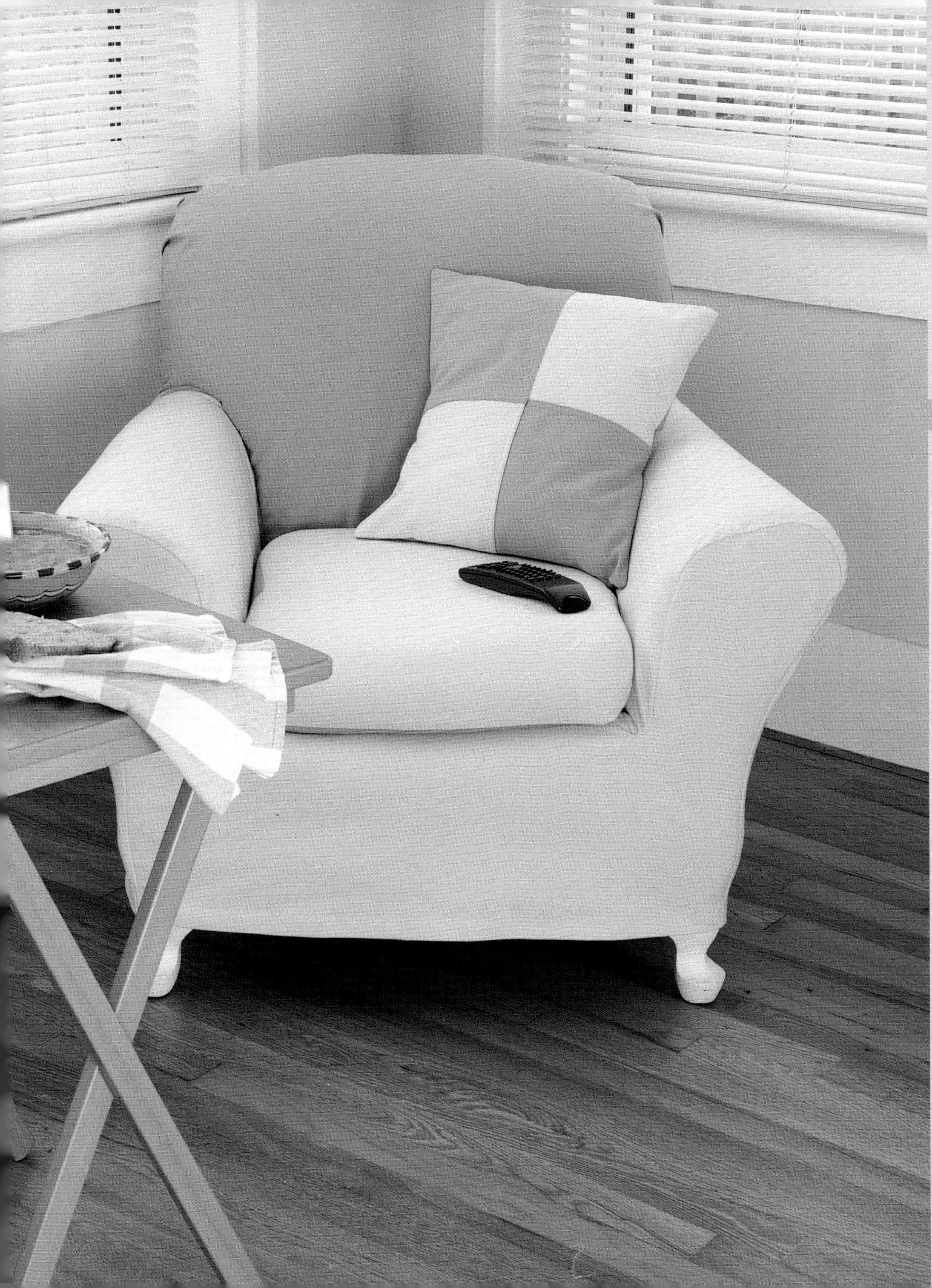

# Bergère traditionnelle

Il est possible de rénover n'importe quelle vieille bergère comme celle-ci, qui appartenait à ma grand-mère. J'ai employé une étoffe pur coton en deux tons contrastés et j'ai fait en sorte que le coussin du siège soit réversible. Par la suite, les restes ont servi à confectionner un coussin bicolore.

**1** Retirez le coussin du siège. Mesurez et taillez l'étoffe nécessaire au recouvrement des faces intérieure et arrière du dossier selon les indications de la page 12. Prévoyez une réserve d'au moins 5 cm pour les coutures des deux éléments.

**2** Posez à l'endroit l'élément couvrant la face intérieure du dossier sur la bergère, les réserves pour les coutures dépassant des bords. Afin de résorber l'ampleur sur les bordures supérieures extérieures, faites des plis ou des pinces, que vous épinglerez.

**3** Repliez la réserve pour la couture du bord supérieur de la face intérieure du dossier. Ensuite, posez le morceau couvrant l'arrière du dossier sur la bergère et fixez-le à l'aide d'épingles en T. Disposez la bordure repliée de la face intérieure du dossier sur l'arrière, le long de la ligne de couture prévue, et épinglez-les ensemble. Retirez les éléments épinglés et surpiquez-les à l'aide d'aiguilles jumelées. Passez la couture à la surjeteuse.

**4** Mesurez et taillez les éléments des accoudoirs en suivant les indications de la page 12. Prévoyez une réserve de 5 cm pour les coutures, et autant pour l'ourlet.

**5** Posez les éléments constituant le dossier et les accoudoirs, à l'envers cette fois. Assurez-vous que les réserves pour les coutures et l'ourlet dépassent des bords des accoudoirs. Marquez d'un trait de craie les endroits où les accoudoirs touchent la face intérieure du dossier. Retirez les pièces des accoudoirs et faites un point d'arrêt le long du trait de craie. Pratiquez de petites entailles afin que l'étoffe épouse les courbes de l'accoudoir ; veillez à ne pas couper au-delà du point d'arrêt.

**6** Remettez les accoudoirs et le dossier sur la bergère, toujours à l'envers, et épinglez de chaque côté les pièces des accoudoirs sur la face intérieure du dossier.

**7** Taillez la façade des accoudoirs et du tablier en un seul morceau. Mesurez la largeur de la façade d'une extrémité à l'autre des accoudoirs. Mesurez la hauteur des accoudoirs depuis la partie supérieure de ceux-ci jusqu'au bas du fauteuil. Prévoyez une réserve de 5 cm pour les coutures et autant pour l'ourlet, et taillez votre morceau d'étoffe en fonction de ces mesures.

**8** Fixez l'élément de façade à la bergère au moyen d'épingles en T, à l'envers toutefois, en vous assurant que l'étoffe est centrée et que les réserves pour les coutures excèdent le contour de la façade. Marquez d'un trait de craie le contour des accoudoirs depuis l'extérieur vers le tablier (figure 1). Retirez l'élément de façade et faites un point d'arrêt le long des traits de craie.

**9** Toujours sur l'élément de façade, taillez à 1,5 cm des points d'arrêt et faites des entailles vers les angles intérieurs des accoudoirs jusqu'à la ligne en points d'arrêt (figure 2). Ces entailles permettront de couvrir la façade du siège et des accoudoirs, et d'obtenir un tablier partiel qui soit plan.

**10** Alors que la housse est encore à l'envers, épinglez les éléments de façade des accoudoirs sur les contours de ceux-ci.

**FIGURE 1** : Épinglez l'élément de façade sur la bergère et marquez son contour.

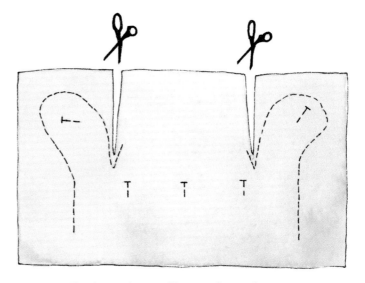

**FIGURE 2** : Pratiquez des entailles vers les angles intérieurs des accoudoirs marqués de points d'arrêt.

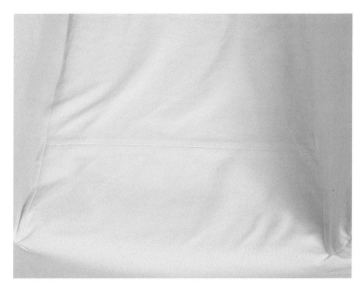

**PHOTO 1 :** Ajoutez un autre morceau d'étoffe afin de couvrir le reste du tablier du fauteuil.

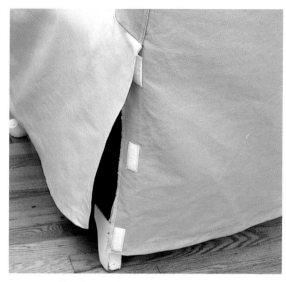

**PHOTO 2 :** Employez du ruban velcro pour fermer les bordures arrière de la housse.

**11** Épinglez le tablier partiel réalisé à la neuvième étape sur les faces intérieures des accoudoirs. Vous devrez tailler davantage d'étoffe afin de compléter le tablier (photo 1). Mesurez la surface découverte, ajoutez 2,5 cm de réserve pour les coutures et taillez le second élément du tablier. Cousez-le à la façade du tablier ; ensuite, épinglez-le sur les faces intérieures des accoudoirs et du dossier. Retirez la housse et faites les coutures nécessaires. Passez-les toutes à la surjeteuse.

**12** Remettez la housse sur la bergère, à l'endroit cette fois, et épinglez l'ourlet tout autour du fauteuil. Retirez la housse et cousez l'ourlet à l'aide du pied ourleur de votre machine.

**13** Remettez la housse sur la bergère, toujours à l'endroit. À l'arrière, les deux arêtes sont fendues. À l'aide d'épingles, indiquez les bordures des deux éléments latéraux et de l'arrière du dossier. Les bordures des éléments latéraux doivent

chevaucher de 2,5 cm l'arrière du dossier. Retirez la housse, repliez et repassez les bordures latérales que vous venez d'épingler, taillez-les de sorte qu'elles fassent 2,5 cm de large et passez les bords vifs à la surjeteuse.

**14** Passez également à la surjeteuse les bords vifs de l'arrière du dossier. Cousez de chaque côté de l'arrière du dossier des pièces de ruban velcro et leurs pièces correspondantes sur chaque bordure latérale (photo 2).

**15** Couvrez le coussin selon les indications de la page 22. Employez du tissu d'une couleur donnée pour un côté et d'une teinte contrastée de l'autre, afin que le coussin soit réversible.

**16** Si vous le souhaitez, confectionnez un coussin à partir des restes de tissu.

# Fauteuil
## *funky*

Il y a peu de chances que vous possédiez un fauteuil semblable à celui-ci (lequel se déplie en un lit à une place). Je tenais cependant à vous montrer que, avec une étoffe excentrique et un peu d'imagination, il est possible de transformer du tout au tout un meuble aux formes non classiques. Si vous possédez un fauteuil dont la taille et la forme sont comparables à celui-ci, vous pourrez adapter les indications qui suivent afin de le housser comme il se doit.

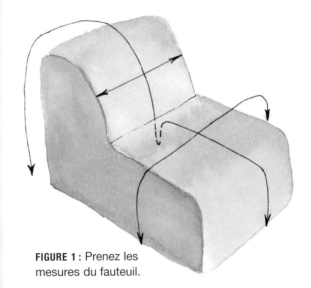

**FIGURE 1 :** Prenez les mesures du fauteuil.

**1** Mesurez depuis le sol d'un côté du fauteuil, en suivant transversalement le siège et en redescendant de l'autre côté. Ensuite, mesurez le fauteuil depuis l'arrière du dossier en remontant vers le devant et en suivant la forme du meuble jusqu'au sol (figure 1). Ajoutez 5 cm à chaque mesure en guise de réserve pour les coutures, et taillez l'étoffe qui couvrira le siège.

**2** Prenez la mesure du dossier depuis sa face intérieure en remontant vers l'arrière et en redescendant vers le sol. Ensuite, mesurez la largeur du dossier (figure 1). Ajoutez 10 cm à la première mesure comme réserve pour les replis, et 5 cm aux deux autres mesures comme réserve pour les coutures. Taillez l'étoffe en conséquence.

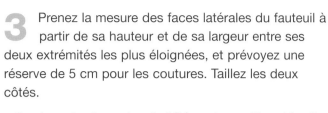

**3** Prenez la mesure des faces latérales du fauteuil à partir de sa hauteur et de sa largeur entre ses deux extrémités les plus éloignées, et prévoyez une réserve de 5 cm pour les coutures. Taillez les deux côtés.

**4** Appariez le centre de l'élément constituant le siège et celui de la face intérieure du dossier. Épinglez-les et cousez-les sur la largeur exacte de la face intérieure du dossier. Cette couture se trouvera dans la zone du repli.

**5** Posez la housse sur le fauteuil et insérez la réserve pour repli dans l'interstice entre le siège et le dossier. Indiquez à l'aide d'une craie les côtés de l'élément du dossier le long de ces faces intérieures et arrière.

**6** Retirez la housse et piquez une rangée de points froncés (le plus grand des points que peut réaliser votre machine) le long des courbes supérieures des deux côtés. Vous tirerez ces points afin d'ajuster les bordures courbes lorsque vous procéderez à l'ajustement des faces latérales du dossier.

**7** Remettez la housse à l'endroit sur le fauteuil et insérez la réserve pour repli dans l'interstice. Mettez en place les faces latérales de la housse en les assujettissant à l'aide d'épingles en T. Poussez les bordures des sections latérales sous la section du dossier, depuis le bord du siège en remontant le long du dossier et en descendant vers la bordure à proximité du sol. Repliez les réserves pour les coutures du dossier et, à l'aide d'épingles droites, fixez les faces latérales à celui-ci le long de la ligne de couture prévue. Aux bordures supérieures, là où vous avez cousu en point froncé, tirez le fil afin que les éléments épousent bien la forme du fauteuil. Lorsque vous aurez épinglé les deux faces latérales, retirez la housse et surpiquez ces deux faces à l'aide d'aiguilles jumelées. Passez les coutures à la surjeteuse.

**8** Remettez la housse sur le fauteuil et insérez la réserve pour repli dans l'interstice. Voici maintenant venir une étape plus difficile. Là où le siège touche les côtés, vous devez former des pinces ou des replis. Retirez la housse et surpiquez les pinces. Sur le fauteuil montré ci-contre, les pinces font 7,5 cm.

**9** Remettez la housse sur le fauteuil, insérez la réserve pour repli dans l'interstice et ajustez les bords de la façade et des côtés pour voir comment ils devraient se chevaucher. Sur ce fauteuil, j'ai fait en sorte que les côtés chevauchent la façade. Épinglez le tissu selon le chevauchement désiré.

**10** Taillez les angles avant de la housse le long du sol en les arrondissant et en prévoyant une réserve de 2 cm pour l'ourlet. Indiquez la ligne de l'ourlet sur toute la housse. Retirez la housse, passez les bords vifs à la surjeteuse, pressez l'ourlet et surpiquez-le.

**11** Repliez les ourlets latéraux là où l'étoffe se rejoint de chaque côté. Terminez-les en passant leurs bords vifs à la surjeteuse et en les surpiquant.

**12** Remettez la housse sur le fauteuil et ajustez-la partout où il le faut. Pour ajuster les angles avant à la bordure du fauteuil, faites un pli retourné à chacun d'eux et cousez à la main un bouton décoratif afin de le retenir.

**13** Faites en sorte que les sections latérales chevauchent d'environ 4 cm les côtés du fauteuil. En guise de fermetures, cousez à la main deux gros boutons-pression de chaque côté et ajoutez de jolis boutons décoratifs (photo 1).

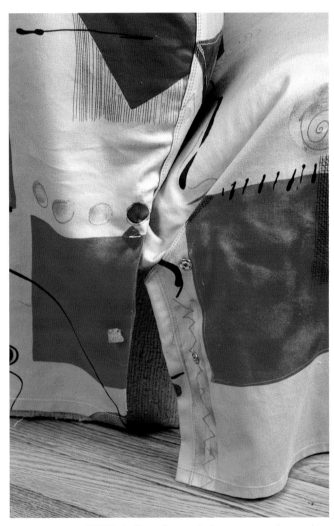

**PHOTO 1 :** Pour fermer la housse, employez des pressions et ajoutez des boutons décoratifs.

# Fauteuil et pouf surdimensionnés

Ces housses uniques en leur genre sont faites avec des sarongs de différentes couleurs.
Ceux dont je me suis servie étaient en rayonne et mesuraient 112 cm sur 163 cm ; ils avaient
une bordure de 10 cm sur leurs quatre côtés et étaient bordés d'une frange sur deux côtés.
Étant donné qu'il s'agissait d'habiller une large causeuse et un pouf bien ventru, il m'a fallu
quatre sarongs pour couvrir le fauteuil et ses coussins, deux autres pour couvrir le pouf, et
enfin deux autres également pour les coussins du dossier.

# Fauteuil

**1** Vous devrez entreprendre ce projet ainsi que je l'ai fait, c'est-à-dire en vous référant aux quatre étapes qui vont de la mise en place à l'épinglage (voir page 17). La taille et la forme de vos meubles, ainsi que le style du sarong, détermineront la manière dont vous confectionnerez les housses. Aussi, préparez-vous à tenter quelques expériences. D'abord, retirez le coussin du fauteuil et mesurez l'un et l'autre pour vous faire une idée du nombre de sarongs dont vous aurez besoin (figure 1).

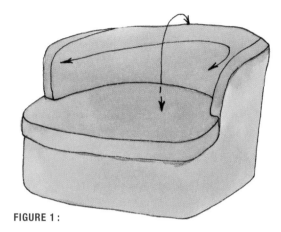

**FIGURE 1 :**

Mesurez le fauteuil pour déterminer le nombre de sarongs nécessaires à la confection d'une housse.

**2** Lorsque vous aurez les sarongs, rendez-les irrétrécissables s'il y a lieu. Déposez-en un sur le dossier du fauteuil. Vérifiez que la frange frôle le sol en droite ligne ; elle fera office de bordure. Lissez le sarong vers le haut du dossier et sur sa face intérieure. Coupez l'excédent de tissu qui retombe sur le tablier.

**3** Posez un autre sarong sur un accoudoir en alignant également sa frange au niveau du sol. Faites passer ce sarong sous celui qui couvre le dossier. Tous deux devraient se chevaucher sur la largeur de leur bordure (photo 1), ou sur environ 10 cm s'ils n'ont pas de bordure.

**4** Afin que le sarong épouse la courbe de l'accoudoir, faites quatre plis sur la face intérieure de la courbe pour résorber l'ampleur de l'étoffe. Ensuite, épinglez l'étoffe pour l'ajuster à la courbe extérieure et au-dessus de l'accoudoir. Épinglez-la sur une longueur de 20 cm en faisant des pinces (photo 2). Retirez la pièce de l'accoudoir, cousez-la et passez les coutures à la surjeteuse. Procédez de même pour l'autre accoudoir.

**5** Disposez le sarong que vous avez taillé à la première étape le long de la façade du fauteuil. De nouveau, veillez à ce que la frange s'aligne par rapport au sol. Lissez l'étoffe vers le haut et ramenez-la sur le tablier sur une longueur de 25 cm. Les bords travaillés s'enrouleront sur les côtés du fauteuil, probablement sur une longueur de 8 à 10 cm. Faites une pince de chaque côté pour que l'étoffe épouse les angles.

**PHOTO 1 :** Faites passer le sarong qui couvre l'accoudoir sous celui qui couvre le dossier.

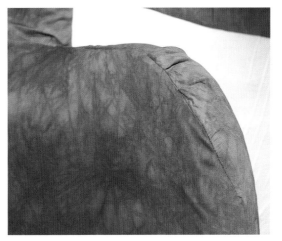

**PHOTO 2 :** Faites des pinces afin que l'étoffe épouse les courbes extérieures des accoudoirs.

**PHOTO 3 :** Fixez de petites bandes d'étoffe à chacun des accoudoirs.

**PHOTO 4 :** Employez du ruban à boutons-pression pour fermer le coussin du siège.

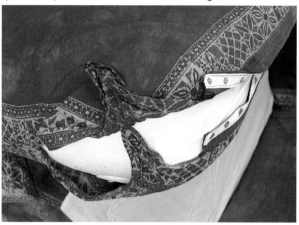

**6** Si votre fauteuil est aussi imposant que le mien, le sarong qui couvre la façade ne rejoindra peut-être pas les accoudoirs. Dans ce cas, découpez deux petites bandes d'étoffe dans le reste du sarong que vous avez taillé à la première étape, faites-les passer sous l'élément de façade et fixez-les aux accoudoirs avec de petites coutures (photo 3).

**7** Vous pouvez réaliser le tablier dans de la toile écrue ou dans n'importe quelle étoffe bon marché. Cousez ce tablier à l'élément de façade, après quoi vous le surpiquerez aux accoudoirs et au dossier.

**8** Prenez un autre sarong, coupez-en les franges à proximité de sa bordure et enroulez-le à l'envers sur le coussin pour vérifier qu'il est assez long. Avec un peu de chance, il le sera. Sinon, il faudra ajouter 5 cm au côté pile du coussin. (Je vous montrerai comment procéder à la dixième étape.) Assurez-vous que le sarong est bien lissé sur toute la surface du coussin, et épinglez-le sur les côtés. Pour ajuster les angles de façade, résorbez l'ampleur de l'étoffe avec des points froncés et tirez sur ces points jusqu'à ce que l'étoffe épouse les contours. Retirez cet élément et faites un point de couture sur les sections épinglées jusqu'à environ 15 cm de chacun des angles du dossier. Passez les coutures à la surjeteuse.

**9** Terminez les bords vifs là où vous avez coupé la frange (cette section devrait se trouver sur le dessous du coussin) en les roulant deux fois d'environ 3 mm et en les surpiquant.

**10** Afin de fermer le coussin sur sa face arrière, cousez une bande d'étoffe le long de la bordure arrière, le cas échéant. Ensuite, cousez une bande de ruban de boutons-pression sur l'une des bordures arrière, et sa bande correspondante sur l'autre bordure en vérifiant que les boutons-pression sont bien vis-à-vis (photo 4). Il est plus facile de retirer la housse d'un coussin fermé par des boutons-pression que par une fermeture à glissière. Procurez-vous une bande de ruban qui soit de la longueur de l'arrière du coussin.

**11** Vous constaterez que deux des extrémités du sarong sont plus larges que le coussin. Nouez-les simplement deux fois afin de résorber leur ampleur. Cette bordure sera dissimulée lorsque vous poserez le coussin sur le fauteuil.

# Coussins

Si vous devez housser de grands coussins, prévoyez un sarong pour chacun d'eux, ce qui vous permettra d'y intégrer la frange et la bordure.

**1** Entourez le coussin du sarong pour vérifier que ce dernier a la bonne dimension. Coupez le surplus d'étoffe d'un côté frangé et d'un côté sans frange en prévoyant une réserve de 2,5 cm pour la couture (figure 2).

**2** Enveloppez de nouveau le coussin dans l'étoffe taillée. Épinglez le côté opposé au pli, là où le bord vif touche la frange. Retirez la housse et surpiquez la bordure (figure 3).

**3** Reportez-vous à la page 20 pour savoir comment coudre une fermeture à glissière. Posez-en une sur la bordure inférieure du coussin (figure 4). Cousez la bordure supérieure et passez la couture à la surjeteuse.

**4** Retournez la housse, repassez-la avec un fer chaud et houssez le coussin. Procédez de même pour les autres coussins.

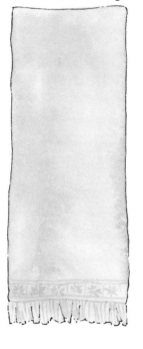

**FIGURE 2 :** Coupez le surplus d'étoffe d'un côté frangé et d'un côté sans frange.

**FIGURE 3 :** Alignez le bord frangé et le bord vif, et cousez-les ensemble.

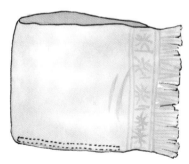

**FIGURE 4 :** Posez une fermeture à glissière sur le côté inférieur du coussin.

# Pouf

**1** Mesurez le pouf pour déterminer le nombre nécessaire de sarongs (figure 5). S'il est rectangulaire, disposez-y un sarong de manière à ce que la frange tombe sur les faces les plus courtes.

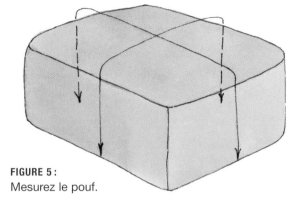

**FIGURE 5 :**
Mesurez le pouf.

**2** Il vous faudra probablement davantage d'étoffe pour que le sarong touche le sol. Si c'est le cas, taillez des bandes d'étoffe de même longueur dans l'autre sarong, en faisant en sorte que chacune soit environ deux fois plus large que nécessaire. Pour avoir quatre de ces bandes d'étoffe, découpez-en une à même chaque bordure frangée et une à même chaque bordure sans frange. Passez les bords vifs de chaque bande à la surjeteuse.

**3** Disposez les bandes d'étoffe sous les bords du premier sarong (bande frangée sous bord lisse et bande sans frange sous bande frangée), épinglez-les et surpiquez-les (photo 5). Si le sarong complet a une bordure, servez-vous d'une de ses lignes pour guider le point de couture.

**4** Faites une courte couture afin de réunir les quatre côtés et passez les bords vifs à la surjeteuse.

**5** Remettez la housse sur le pouf et ajustez-la. Les coins extérieurs doivent tomber élégamment sur le sol.

**PHOTO 5 :** Ajoutez au besoin des bandes d'étoffe pour que le sarong touche le sol.

# Variations sur le thème de l'ottomane

La plupart des poufs et des ottomanes sont faciles à housser. En général, ils sont plutôt petits, de sorte que 1,5 m d'étoffe suffit à les couvrir. Voici deux variations, la première à boutonnières, la seconde à ourlets et attaches de ton contrasté.

## Pouf à housse boutonnée

**1** Mesurez le pouf d'un côté à l'autre dans les deux sens (figure 1). Ajoutez 5 cm à ces mesures en prévision d'un ourlet de 2,5 cm.

**2** Taillez l'étoffe et centrez-la sur le pouf afin qu'elle retombe également de chaque côté. Marquez les quatre coins d'épingles au bas de l'ourlet.

**3** Retirez la housse. Taillez un coin en dessinant une courbe et en prévoyant une réserve de 2,5 cm pour l'ourlet. Procédez de même aux trois autres coins en vous servant de la première retaille en guise de patron.

**4** Passez les bords vifs de l'ourlet à la surjeteuse. Pressez au fer chaud un ourlet de 2,5 cm de large et cousez-le.

**5** Remettez la housse sur le pouf et centrez-la de nouveau. Faites un pli creux à chaque coin afin que l'étoffe en épouse la forme. Cousez un bouton à chaque angle, à environ 10 cm du coin, afin de maintenir le pli (photo 1).

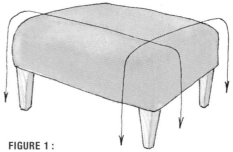

**FIGURE 1 :**
Mesurez le pouf d'un côté à l'autre dans les deux sens.

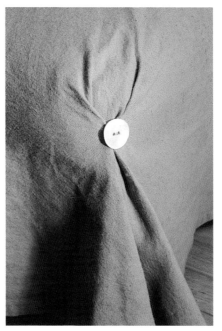

**PHOTO 1 :** Garnissez chaque coin d'un bouton qui retiendra le pli creux.

# Pouf à ourlets et attaches de ton contrasté

**1** Mesurez le pouf comme vous l'avez fait à la première étape de la page 67, mais arrêtez-vous à environ 7,5 cm du sol.

**2** Taillez l'étoffe à partir des mesures notées à l'étape précédente. Taillez également 0,7 m d'étoffe de ton contrasté afin de réaliser la bordure.

**3** Pour confectionner la bordure de ton contrasté, découpez quatre bandes de 15 cm sur la largeur de l'étoffe. Pliez-les en deux en joignant leurs envers et pressez les plis au fer chaud.

**4** La figure 2 illustre la position de chacune des bandes formant la bordure. Épinglez la bande A sur l'une des faces de la housse, l'endroit de la bande contre l'envers de la housse, en veillant à ce que les bords vifs soient d'égale longueur. Réunissez-les par un point de couture de 6 mm (figure 3). Pressez la couture en direction de la bordure.

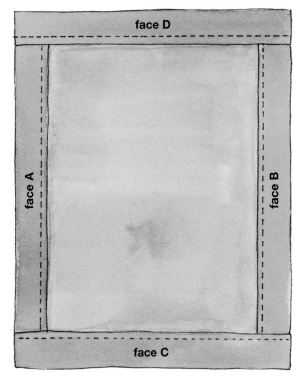

**FIGURE 2 :** Mise en place des bandes de ton contrasté qui seront cousues à la housse.

**FIGURE 3 :** Cousez la bande A à l'une des bordures de la housse.

**5** Posez la housse à l'endroit sur une planche à repasser, pliez la bande formant bordure vers l'avant le long de la ligne de couture que vous venez de faire. Pressez la bordure avec un fer chaud, épinglez l'autre bord et cousez-le exactement le long de la ligne de couture que vous avez faite à la quatrième étape. Procédez de même sur la face opposée afin de coudre la bordure B.

**6** En ce qui concerne les faces C et D, l'extrémité des bordures dépassera de 1,5 cm des faces contiguës (figure 4). Répétez les quatrième et cinquième étapes jusqu'au repassage des bords pliés le long de la ligne de couture inclusivement. Avant d'épingler les autres bordures, pliez les extrémités qui dépassent, endroit contre endroit, et faites un trait de couture sur leurs courtes bordures. Coupez le surplus d'étoffe, retournez-le sur l'endroit et pressez-le au fer chaud.

**7** Épinglez les bandes sur leurs faces respectives et cousez-les le long de la ligne de couture.

**8** Posez la housse sur le pouf et nouez deux fois le cordonnet qui se trouve à chacun des angles.

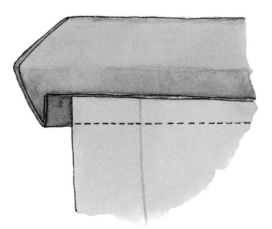

**FIGURE 4 :** Les bandes C et D dépassent de 1,5 cm des bordures contiguës.

# chaises pliantes, de cuisine et de jardin

# Chaises de cuisine à la puissance trois

Je vous propose ici de housser vos chaises de cuisine à partir d'étoffes qui n'ont rien du tissu de recouvrement : des serviettes de table, des bandanas et des torchons. Toutes ces pièces de tissu sont indiquées pour ce genre de projet, car leurs bords ourlés constitueront l'ourlet des housses. De plus, on les trouve partout et elles sont proposées en un large éventail de couleurs et d'imprimés.

# Housses en serviettes de table

J'ai employé le même modèle de serviette en trois couleurs pour un look plus audacieux. Il faut trois serviettes par housse.

**1** Posez une serviette sur le siège de la chaise. À l'aide d'une craie de tailleur, marquez le bord de chaque côté et du devant. Il s'agit de la ligne de couture à laquelle nous fixerons les rabats latéraux.

**2** Découpez trois bandes de 9 cm à même les autres serviettes : elles feront les rabats latéraux et avant. Gardez à l'esprit que les bordures travaillées des serviettes tiendront lieu d'ourlets.

**3** À partir de ce qui reste des serviettes, taillez quatre bandes qui feront les attaches et qui mesureront chacune 3,5 cm sur 20,5 cm. Confectionnez les attaches selon les indications de la page 25. Placez-les aux angles arrière de la housse, de sorte qu'elles puissent maintenir celle-ci à la chaise, et cousez-les.

**4** Pour terminer la bordure arrière de la housse, taillez dans une serviette une bande de 3,5 cm. Posez l'endroit de la bande sur l'envers de la housse le long de la bordure arrière, épinglez-la et faites une couture de 6 mm (figure 1). Pliez le long de la ligne de couture, pressez le bord vif à moins de 6 mm et surpiquez le bord plié (figure 2).

**5** En faisant correspondre les endroits, épinglez le rabat avant sur la housse et faites une couture de 6 mm. Passez la couture à la surjeteuse. Le bord travaillé de la serviette fera office d'ourlet.

**6** Taillez les côtés de la housse à 6 mm au-delà du trait de craie.

**7** Si les serviettes sont plus larges que le côté du siège, vous devrez tailler les rabats latéraux en conséquence. Mesurez le côté du siège pour déterminer la longueur nécessaire, ajoutez 2,5 cm de réserve pour l'ourlet et, au besoin, coupez le surplus d'étoffe à l'une des extrémités de chacun des rabats latéraux. Pliez, pressez et cousez les ourlets des rabats latéraux.

**8** Alignez les rabats latéraux et les bords de la housse en fonction des angles avant des côtés. Épinglez-les et faites un trait de couture sur le trait de craie que vous aviez tracé à la première étape. Passez les coutures à la surjeteuse. Là encore, les bords travaillés de la serviette tiendront lieu d'ourlet.

**9** Pressez les coutures des rabats latéraux en direction de la housse. Posez la housse sur la chaise et nouez les attaches au dossier. Vous pourriez marier d'autres couleurs pour confectionner les autres housses, si le cœur vous en dit.

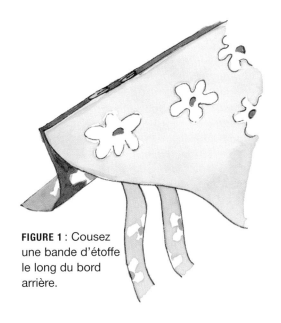

**FIGURE 1** : Cousez une bande d'étoffe le long du bord arrière.

**FIGURE 2** : Pliez la bande d'étoffe et faites une surpiqûre pour qu'elle tienne en place.

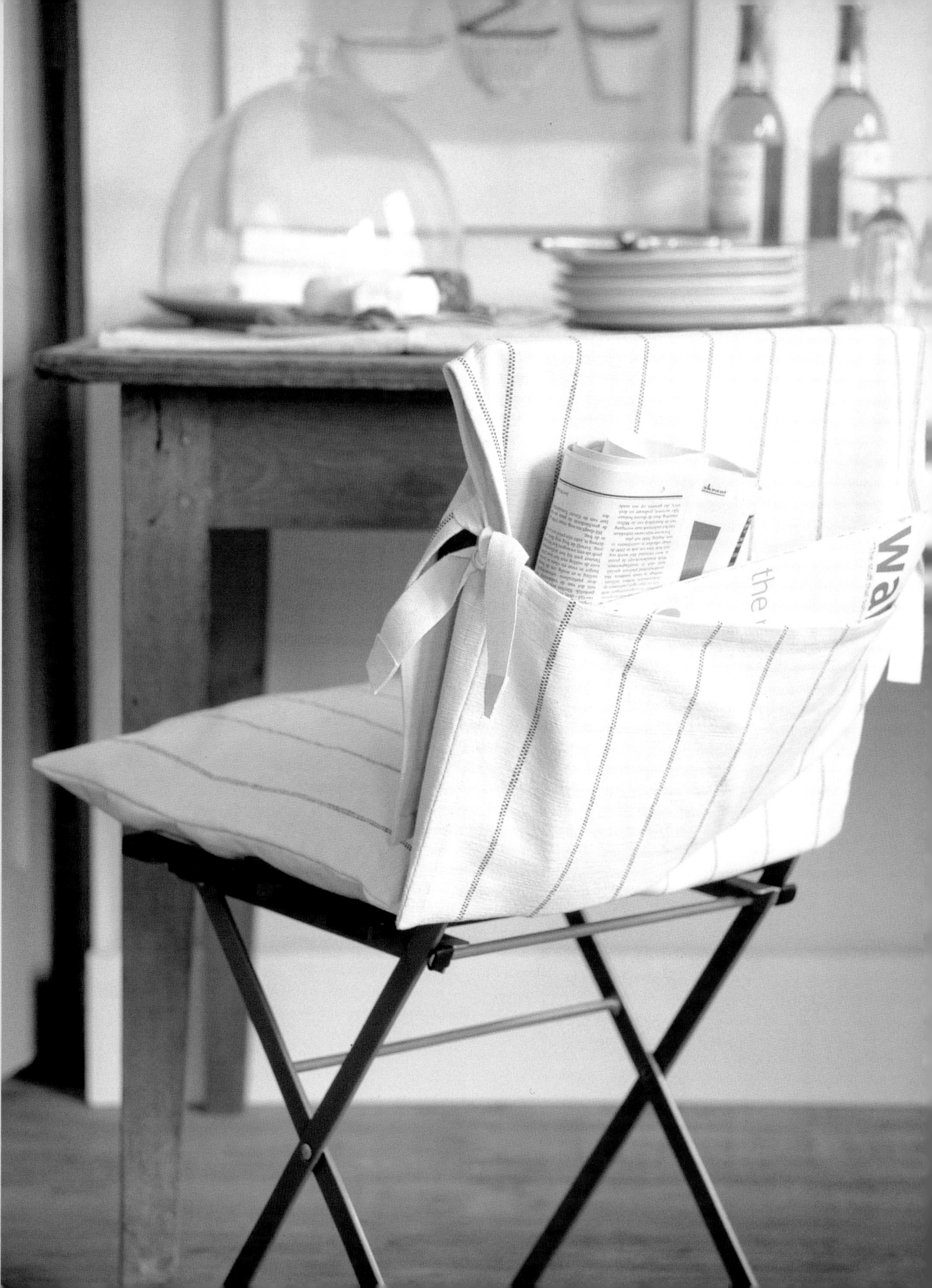

# Housses en torchons

Voici un usage inédit des torchons, puisqu'ils serviront à housser une chaise pliante et à y adjoindre une pochette dans laquelle glisser le journal du matin et le courrier. Il vous faudra peut-être adapter les indications selon la taille de la chaise et la dimension des torchons. J'ai employé trois torchons qui mesuraient 40,5 cm sur 63,5 cm.

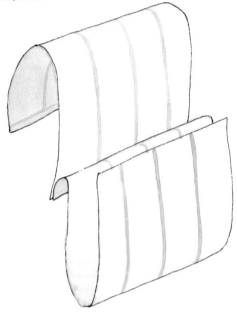

**FIGURE 3** : Épinglez ensemble la pochette et le torchon formant la housse du dossier.

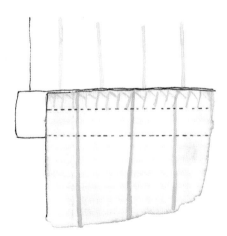

**FIGURE 4** : Cousez ensemble les différentes pièces.

## HOUSSE DU DOSSIER

**1** Pour confectionner la housse du dossier, posez un torchon sur sa face intérieure et laissez-le retomber vers l'arrière. L'un de ses ourlets travaillés devrait pendre sur la face intérieure à environ 5 cm au-dessus du siège. Notez jusqu'où pend l'autre bordure du torchon. Vous devrez peut-être en tailler quelques centimètres en fonction de l'emplacement souhaité pour la pochette.

**2** Coupez 12,5 cm à une extrémité du torchon que vous emploierez pour confectionner la pochette. Conservez bien cette bande de 12,5 cm ; elle servira pour la housse du siège. Passez les bords vifs des deux éléments à la surjeteuse.

**3** À l'aide d'un découseur, défaites les ourlets des deux plus longs côtés du torchon qui constituera la pochette ; ne coupez pas les ourlets défaits.

**4** Épinglez ensemble la pochette et le torchon qui housse le dossier, l'envers de la pochette contre l'endroit du dossier, le long de la bordure surjetée du torchon faisant la pochette et l'ourlet inférieur (ou la bordure surjetée, si vous l'avez taillé) du torchon couvrant le dossier (figure 3). Les côtés du torchon qui fait la pochette et dont vous avez décousu l'ourlet excéderont alors les côtés du torchon qui couvre le dossier. Cousez ensemble les torchons (figure 4). Pressez les coutures au fer chaud en direction de la pochette, puis surpiquez les coutures afin de les assujettir.

**5** Pour coudre les côtés de la pochette, pliez le torchon qui la forme le long de sa ligne inférieure, endroit contre endroit, et épinglez-le. Avant d'exécuter la couture, insérez un galon croisé de 23 cm de long dans chacun des côtés en haut de la ligne de couture (là où le torchon qui constitue la pochette touche celui qui couvre le dossier (figure 5). Exécutez la couture et passez-la à la surjeteuse. Retournez la pochette sur l'endroit.

**6** Posez la pochette à l'arrière de la chaise. À l'aide d'une craie, indiquez l'emplacement des attaches avant (selon l'emplacement des attaches arrière) et surpiquez un galon croisé mesurant 23 cm à chaque endroit. Repliez deux fois les extrémités du galon et surpiquez-les. Assujettissez la housse à l'aide de deux nœuds.

### HOUSSE DU SIÈGE

**1** Prenez la bande de 12,5 cm que vous aviez taillée dans le torchon destiné à confectionner la pochette, et épinglez sa bordure surjetée sur une courte bordure du torchon qui fera la housse du siège. Cousez ensemble les deux éléments.

**2** Mesurez, à partir de la couture que vous avez exécutée à la bordure arrière du siège, la distance entre la bordure arrière et la bordure avant du siège. Marquez la bordure avant à l'aide d'épingles.

**3** Pliez le torchon le long de la bordure avant, endroit contre endroit, et pliez la bande de 12,5 cm à partir de la couture arrière. Faites en sorte que le torchon replié chevauche la bande d'étoffe (figure 6).

**4** Épinglez les côtés des éléments pliés et faites un point de couture le long des ourlets latéraux.

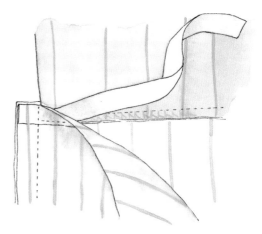

**FIGURE 5 :** Insérez un galon croisé avant de coudre chacun des côtés.

**FIGURE 6 :** Dessus de la housse couvrant le siège.

**5** Retournez la housse du siège sur l'endroit et cousez un ruban à boutons-pression le long des bordures libres (là où se chevauchaient les étoffes à la troisième étape), afin que la housse se tienne.

**6** Pour rendre la chaise plus confortable, faites un coussin que vous glisserez dans la housse du siège. À cette fin, mesurez la housse du siège, ajoutez une bordure de 2,5 cm tout autour et taillez deux morceaux dans un reste d'étoffe. Cousez les trois côtés, retournez la housse et garnissez-la de fibres de rembourrage. Fermez le quatrième côté en le cousant. Glissez le coussin à l'intérieur de la housse.

# Housses en bandanas

Choisissez des bandanas de différentes couleurs et faites des mariages audacieux qui donneront de l'allure à vos chaises de cuisine !

**FIGURE 7 :** Pli creux aux coins de devant.

**FIGURE 8 :** Faites un point de couture dans le triangle d'étoffe pour former un pli.

## HOUSSES DES SIÈGES

**1** Posez un bandana sur le siège de la chaise et centrez-le. Afin d'ajuster les angles sur le devant, il faut faire des plis creux (figure 7). À chaque coin, pliez l'étoffe endroit contre endroit de manière à former un triangle. Faites un point de couture pour ajuster le pli creux à l'angle (figure 8) et pressez le triangle au fer chaud. Si vous le désirez, vous pouvez poser un bouton décoratif sur la ligne de couture.

**2** Afin d'ajuster les plis creux à l'arrière et de retenir la housse au dossier, remettez le bandana sur le siège et, à l'aide de ciseaux, pratiquez une entaille en diagonale depuis chacun des deux coins extérieurs en direction du centre, jusqu'à ce que vous atteigniez l'arrière des montants du dossier (figure 9).

**FIGURE 9 :** Faites une entaille en diagonale dans les coins arrière.

**3** Pour terminer les bords vifs, taillez des morceaux de 3,5 cm sur 38 cm dans les restes d'un bandana. Ouvrez les bordures des fentes, de sorte que les bords vifs forment une ligne horizontale. Faites un point d'arrêt le long des bords vifs (figure 10).

**4** Posez l'endroit d'une bande d'étoffe sur l'envers d'une fente du bandana, le long des bords vifs de celle-ci. Faites une couture le long du point d'arrêt et pressez la couture au fer chaud en direction du bandana (figure 11). Pliez 6 mm d'étoffe sur le plus long bord vif du bandana, repliez les deux extrémités vives les plus courtes, pressez au fer chaud la longue bordure repliée de sorte qu'elle atteigne la ligne de couture et surpiquez-la. Procédez de même avec l'autre pli.

**5** Pour réaliser la variante présentée en orange, j'ai simplement noué la housse aux montants du dossier. Pour la variante mauve, j'ai cousu une boucle et un bouton aux bords vifs.

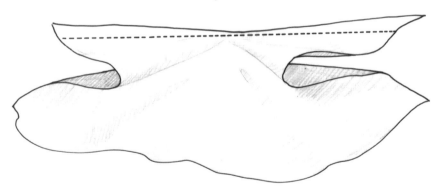

**FIGURE 10 :** Faites un point d'arrêt le long des bords vifs de la fente.

**FIGURE 11 :** Cousez une bande de finition sur les bords vifs.

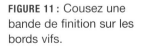

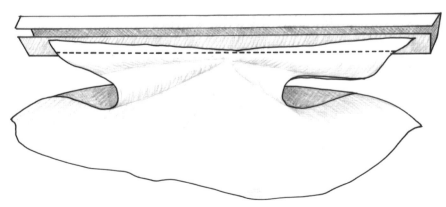

## HOUSSE DES DOSSIERS

Variation en bleu et en vert

**1** Posez un bandana en diagonale sur le dossier de la chaise. Coupez le surplus d'étoffe à la partie supérieure de la chaise en laissant une réserve de 1,5 cm pour la couture. Procédez de même avec le deuxième bandana.

**2** Joignez les endroits des bandanas, épinglez-les ensemble et faites un trait de couture qui marquera la face supérieure de la housse. La longueur de la couture doit précisément égaler la distance qui sépare les montants du dossier.

**3** Terminez les bordures supérieures qui encerclent les montants. Mesurez 5 cm à compter de la couture supérieure jusqu'à une bordure extérieure du bandana. Pliez le bandana le long de cette marque et coupez le surplus d'étoffe dans les angles. Procédez de même pour l'autre côté.

**4** Fixez des boucles et des boutons sur les côtés en guise de fermetures. Faites les boucles en taillant dans le biais des restes de bandana, pour obtenir des bandes de 3 cm sur 15 cm. Repliez une bande sur la longueur et faites une petite couture de 6 mm. À l'aide d'un passe-lacet, retournez les boucles et pressez-les au fer chaud. Fixez deux boucles de chaque côté à la face intérieure du bandana qui se trouve en façade. Configurez-les de sorte qu'elles glissent facilement autour des boutons que vous avez choisis, et surpiquez-les. Remettez la housse sur le dossier pour vérifier qu'elle est bien ajustée et posez des boutons sur le bandeau de derrière, vis-à-vis des boucles.

Variation en orange et en bleu

**1** Posez un bandana sur le dossier de la chaise en centrant son motif. Marquez le centre de la bordure supérieure du bandana et les endroits où il touche les montants du dossier.

**2** Choisissez un autre bandana. Pliez-le endroit contre endroit, vérifiez que les centres sont alignés, épinglez les deux bandanas et cousez le long de la ligne de couture supérieure d'un montant à l'autre. Le surplus d'étoffe excédera les montants. C'est l'espace que traverseront les montants du dossier. Vous fermerez les bordures à la prochaine étape.

**3** Remettez la housse sur le dossier, à l'envers cette fois, et épinglez les deux côtés autour des montants, de sorte qu'ils les entourent sans trop les serrer. Retirez la housse et faites une couture sur les côtés.

**4** Coupez le surplus d'étoffe aux bordures inférieures, repliez les ourlets, pressez-les au fer chaud et surpiquez-les.

# Chaises de salle à manger à l'asiatique

Des fauteuils houssés d'une étoffe luxueuse telle que celle-ci ajouteront une note d'élégance à votre salle à manger. Personnalisez-les davantage en leur fixant des attaches latérales assorties à l'étoffe choisie.

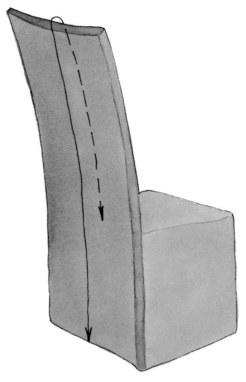

**FIGURE 1 :** Employez un morceau d'étoffe pour couvrir la face intérieure du dossier et l'arrière de la chaise.

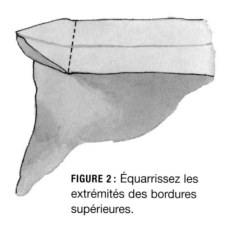

**FIGURE 2 :** Équarrissez les extrémités des bordures supérieures.

**1** Afin de limiter le nombre de coutures de cette housse, employez un morceau d'étoffe qui couvrira la face intérieure du dossier et l'arrière de la chaise. Prenez vos mesures selon les indications de la page 12, prévoyez une réserve de 5 cm pour l'ourlet et une réserve de 2,5 cm pour la couture (figure 1). Notez la distance entre les pattes arrière de la chaise au sol. Cette mesure, à laquelle vous ajouterez 5 cm de chaque côté pour les coutures, vous dira la quantité d'étoffe qu'il faut tailler en largeur.

**2** Posez ce morceau d'étoffe à l'envers sur le dossier de la chaise en prévoyant une réserve pour la couture à la rencontre du siège et du dossier, et une autre pour l'ourlet à l'arrière. Commencez à épingler les côtés de la housse entre la bordure supérieure et le siège, de sorte qu'elle soit bien ajustée. Si la bordure supérieure de la chaise est courbe, disposez les épingles de façon à résorber l'ampleur du tissu le long de cette bordure. À l'aide d'une craie de tailleur, tracez un trait à la jonction entre le dossier et le siège sur toute leur largeur. Retirez la housse, faites un point d'arrêt sur le trait de craie, puis une couture pour réunir les morceaux épinglés.

**3** Remettez la housse sur la chaise, toujours à l'envers. Vous devrez équarrir les extrémités des bordures supérieures de la housse. Pour ce faire, cousez une ligne qui forme la base d'un triangle à l'angle de chacune des bordures supérieures (figure 2).

**4** Vous couvrirez l'intérieur de la chaise d'un autre morceau d'étoffe. Relevez les dimensions du siège et mesurez la distance entre celui-ci et le sol, selon les indications de la page 12, puis ajoutez une réserve de 7,5 cm à la bordure arrière du siège (figure 3). Un morceau d'étoffe standard de 137 cm de large suffira à couvrir la façade de la plupart des chaises, d'un côté à l'autre, et à réaliser un ourlet de 2,5 cm. Taillez la pièce nécessaire.

**5** À l'aide d'une épingle, indiquez sur l'étoffe l'emplacement exact du centre du siège. Mesurez avec précision la largeur du dossier, d'une extrémité à l'autre, et épinglez les bordures. Faites un point d'arrêt en guise de repère. À partir d'une bordure, faites une couture de 7,5 cm, décrivez un angle droit, faites une ligne de couture jusqu'à l'autre côté, décrivez un autre angle droit, et faites une ligne de couture jusqu'à l'autre bordure (figure 4).

**6** Appariez les centres du siège et la face intérieure du dossier, puis épinglez les éléments le long des points de repère. Si vous travaillez comme moi, avec une étoffe à rayures, faites soigneusement correspondre le centre d'une rayure avec le centre de la rayure en vis-à-vis, afin qu'elles soient toutes alignées. Faites une couture sur toute la largeur du dossier. Une partie de l'étoffe destinée à la façade excédera les bordures du dossier, que vous surpiquerez aux côtés à la dixième étape.

**7** Coupez en diagonale en direction des points d'arrêt marquant la base du dossier jusqu'aux angles droits que vous avez cousus à la cinquième étape (figure 5). Cela vous permettra d'ajuster l'élément du siège aux côtés de la chaise. Passez la couture à la surjeteuse. Ensuite, taillez la couture en direction des points d'arrêt aux bordures latérales de la face intérieure du dossier. De nouveau, reportez-vous à la figure 5. Taillez les réserves pour les coutures.

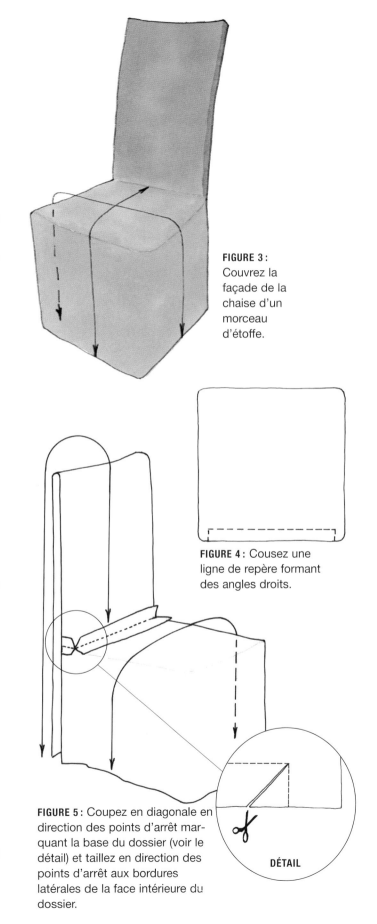

**FIGURE 3 :** Couvrez la façade de la chaise d'un morceau d'étoffe.

**FIGURE 4 :** Cousez une ligne de repère formant des angles droits.

**FIGURE 5 :** Coupez en diagonale en direction des points d'arrêt marquant la base du dossier (voir le détail) et taillez en direction des points d'arrêt aux bordures latérales de la face intérieure du dossier.

**DÉTAIL**

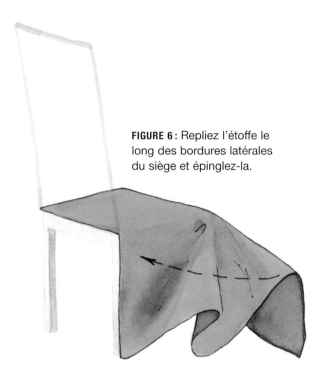

**FIGURE 6 :** Repliez l'étoffe le long des bordures latérales du siège et épinglez-la.

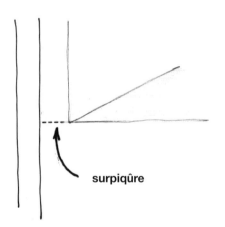

**surpiqûre**

**FIGURE 7 :** Faites une surpiqûre sur les côtés de la housse à la jonction du siège et de la face intérieure du dossier.

**8** Remettez la housse sur la chaise, encore à l'envers. Afin d'ajuster l'étoffe au siège le long de la bordure avant, marquez-la à l'aide d'épingles, retirez la housse et faites une couture avec des points les plus rapprochés possible.

**9** Remettez la housse sur la chaise, à l'endroit cette fois. Aux angles avant du siège, repliez l'étoffe le long des bordures latérales et épinglez-la (figure 6). Retirez la housse et faites une surpiqûre sur l'une des bordures à l'aide d'aiguilles jumelées. Continuez la surpiqûre sur la bordure de façade et sur l'autre côté. Coupez le surplus d'étoffe sur les côtés et passez les bords à la surjeteuse.

**10** Repliez le surplus d'étoffe que vous avez amené en façade à la sixième étape afin de réaliser les faces latérales. Coupez-en pour qu'il en reste suffisamment (au moins 2,5 cm) et surpiquez leurs bordures supérieures aux côtés du dossier de la chaise (figure 7).

**11** À l'arrière, pliez les ourlets des faces latérales et coupez-les pour qu'il en reste suffisamment (2,5 cm), puis passez-les à la surjeteuse.

**12** Remettez la housse sur la chaise et épinglez l'ourlet sur les quatre côtés, que vous taillerez pour qu'il en reste suffisamment. Cousez les ourlets et les surfaces au point coulé.

**13** Comme fermetures sur les bordures latérales, posez des appliques décoratives, des boutons ou tout autre accessoire de votre choix, et cousez par-dessous des boutons-pression qui retiendront les faces latérales.

# Housse à double volant

Ce modèle de housse habille véritablement une chaise.
Il me fait l'impression d'une basque qui tombe sur une
longue jupe. Employez des étoffes unies et imprimées aux
tons coordonnés, des boutons que l'on remarque en guise
de fermetures, de gros anneaux et une torsade au bas du
volant. Vous avez tout en mains pour vêtir vos chaises !

## VOLANT

**1** Tout d'abord, faites un patron du siège avec du papier. Posez une feuille de journal sur le siège, assujettissez-la avec du ruban adhésif et tracez les quatre bordures à l'aide d'un feutre. Retirez le papier, mesurez et indiquez une réserve de 1,3 cm pour la couture autour du périmètre, puis découpez le patron. Épinglez-le sur une étoffe unie et taillez votre pièce.

**2** Avant de prendre les mesures du volant, décidez d'abord de sa hauteur. (Pour les chaises présentées sur la photo, j'ai confectionné un volant de 30,5 cm de haut, auquel j'ai ajouté une bordure de ton contrasté, de 10 cm.) Ensuite, mesurez le tour de la chaise. La mesure sera probablement supérieure à la largeur standard d'un pan d'étoffe, laquelle fait 137 cm. Aussi, lors de la prochaine étape, vous devrez ajoutez une petite bande afin d'élargir votre étoffe. Le volant doit entourer la chaise et ses extrémités doivent se chevaucher à l'arrière sur une longueur de 5 à 7,5 cm.

**3** Ajoutez 2,5 cm à la longueur du volant comme réserve pour les coutures. Taillez dans une étoffe unie une bande de cette longueur, qui fasse toute la largeur de votre étoffe. Taillez une autre bande de même longueur, à laquelle vous ajouterez la largeur nécessaire aux deux morceaux qui iront derrière (voir la remarque à la fin de la deuxième étape.) Épinglez et cousez cet élément bout à bout avec le premier, puis passez la couture à la surjeteuse.

**4** Afin de confectionner la bordure du volant, ajoutez-lui 2,5 cm comme réserve pour la couture. Taillez dans une étoffe unie de ton contrasté un morceau de cette longueur, sur toute la largeur de l'étoffe. De nouveau, taillez un morceau plus petit qui ira à l'arrière. Épinglez et cousez le plus petit morceau au bout du grand morceau qui formera la bordure, puis passez la couture à la surjeteuse.

**5** Alignez l'un des longs côtés de la bordure sur l'élément principal du volant en appariant les coutures. Épinglez et cousez les éléments ensemble sur une longueur de 6 mm, et passez la couture à la surjeteuse. Roulez un double ourlet de 1,5 cm aux deux extrémités. Pressez-le au fer chaud et surpiquez-le.

**6** Prenez le fond du siège et tracez à la craie une ligne de couture de 1,5 cm en deçà de son périmètre. Cousez cette ligne à l'aide d'un point de bâti pour tracer un repère auquel vous fixerez le volant. Pliez un double ourlet de 6 mm le long de la bordure arrière du siège, pressez-le au fer chaud et surpiquez-le. Il s'agit du bord travaillé du fond du siège.

**7** Avant de fixer le volant au siège, faites un point de repère à 1,5 cm du bord vif du haut du volant sur tout le périmètre du siège. Posez la couture sur le volant (là où vous avez ajouté de l'étoffe à la troisième étape) à l'un des angles arrière du siège. Épinglez le volant au siège sur les côtés et le devant en pratiquant de petites entailles aux angles avant (sans dépasser la ligne de repère) afin que le volant s'ajuste mieux à ceux-ci. Faites un trait de couture à partir d'une bordure arrière et en direction de l'autre. Passez la couture à la surjeteuse et continuez le surjet sur le bord de l'étoffe qui dépasse, et qui fera l'arrière du volant. Surpiquez la bordure surjetée.

**8** Posez la housse sur la chaise. Faites se chevaucher les sections arrière du volant, et indiquez la ligne de chevauchement à l'aide d'épingles. Retirez la housse et cousez un peu de ruban à boutons-pression sur la bordure supérieure de la ligne de chevauchement, afin qu'elle reste en place. Ajoutez également trois rubans de boutons-pression sur l'envers de la bordure arrière de la housse du siège, les extrémités des rubans devant dépasser de 2,5 cm. Appariez les bandes de ruban correspondantes sur l'envers de l'arrière du volant de sorte que la housse ne bouge pas de la chaise.

**9** Disposez des anneaux à distance égale sur les quatre côtés de la bordure. Insérez une torsade dans les anneaux et nouez ses extrémités à l'arrière de la chaise.

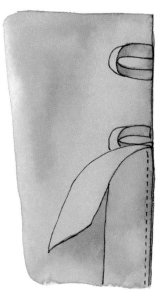

**FIGURE 1 :** Cousez la façade et l'arrière de la housse, endroit contre endroit.

## HOUSSE

**1** Mesurez la face intérieure du dossier de la chaise selon les indications de la page 12. Ajoutez 10 cm à la largeur de l'étoffe et 5 cm à sa longueur, puis taillez l'étoffe.

**2** Mesurez la face extérieure du dossier de la chaise selon les indications de la page 12. Ajoutez 20,5 cm à la hauteur. Divisez en deux la mesure de la largeur (étant donné que le dossier est fait de deux éléments), puis ajoutez 7,5 cm à la largeur de chaque élément. Taillez deux morceaux.

**3** Confectionnez les fermetures qui iront à l'arrière à l'aide de boucles et de boutons. Taillez dans le biais quatre morceaux d'étoffe qui feront 4,5 cm de large sur 18 cm de long. Pliez-les en deux, endroit contre endroit, et cousez-les en utilisant le bord du pied de tailleur de la machine en guise de repère. Retaillez la couture et retournez les bandes à l'aide d'un passe-lacet. Pressez les bandes au fer chaud en repassant les coutures d'un côté. Façonnez une boucle autour d'un bouton afin de bien l'ajuster. Lorsque vous êtes satisfaite, disposez quatre boucles équidistantes sur le côté gauche du dossier en vous assurant que les bords vifs de leurs extrémités sont à égale distance l'un de l'autre et qu'ils sont tous à la même distance du bord du dossier.

**4** Taillez un morceau d'étoffe qui servira de parementure. Celle-ci doit avoir la longueur du dossier de la chaise sur 5 cm de large. Posez la parementure sur le bord arrière de l'élément du dossier qui comporte les boucles. Épinglez les deux pièces ensemble, endroit contre endroit, et faites une couture de 1,5 cm (figure 1). Pressez la parementure au fer chaud vers l'intérieur. À présent, les boucles vont vers la direction opposée à la couture de la paramenture. Repliez 1,5 cm du bord vif de la paramenture et surpiquez-le en place.

**5** Sur l'autre élément du dossier, pliez un double ourlet de 1,5 cm le long du côté et surpiquez-le.

**6** Passez l'élément du dossier qui comporte les boucles (celui de gauche) par-dessus l'autre élément du dossier, à quelque 1,5 cm de sa bordure. Cousez les boutons à l'élément de droite, de sorte qu'ils soient vis-à-vis des boucles.

**7** Afin d'ajuster la face intérieure et l'arrière du dossier, épinglez-les endroit contre endroit le long de leurs bordures supérieures. Posez-les à l'envers sur la chaise et continuez d'épingler leurs côtés. Faites un trait de craie là où la face intérieure du dossier jouxte le siège. Ensuite, posez des épingles sur les bordures latérales là où la face intérieure du dossier jouxte le siège.

**8** Retirez la housse et cousez une ligne de repère au point d'arrêt le long du trait de craie. Pratiquez des entailles à la face intérieure du dossier jusqu'aux points d'arrêt, là où se trouvent les épingles (figure 2).

**9** Cousez les côtés et la bordure supérieure de la housse en retirant les épingles à mesure que vous progressez. Afin d'équarrir les extrémités des bordures supérieures, formez un triangle d'étoffe et faites une couture le long de sa base (figure 3).

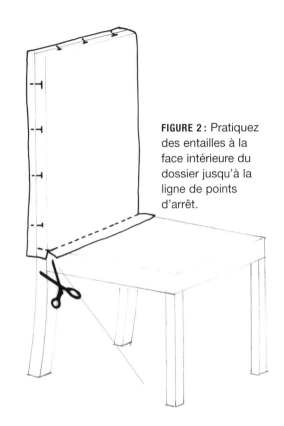

**FIGURE 2 :** Pratiquez des entailles à la face intérieure du dossier jusqu'à la ligne de points d'arrêt.

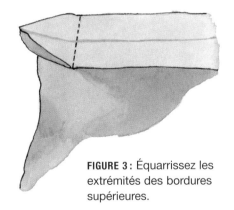

**FIGURE 3 :** Équarrissez les extrémités des bordures supérieures.

**FIGURE 4 :** Cousez une ligne
de repère avec angles droits.

**10** Reprenez le patron que vous avez employé pour tailler le siège du volant afin de tailler celui de la housse. Tracez une réserve de 1,5 cm pour les coutures autour des côtés et de la façade, puis cousez une ligne de repère le long du trait. À l'aide d'une épingle, marquez avec exactitude le centre du dossier. Mesurez la largeur du dossier d'une extrémité à l'autre et posez des épingles sur les bordures. Cousez une ligne de repère au point d'arrêt. Partez d'un côté, piquez sur une longueur de 4 cm, dessinez un angle droit, piquez en direction de l'autre côté, dessinez un autre angle droit et piquez jusqu'à la bordure (figure 4).

**11** Épinglez l'élément du siège sur la face intérieure du dossier, endroit contre endroit, en faisant correspondre les lignes de repère de chaque pièce. Faites un point de couture le long des lignes de repère, depuis une extrémité jusqu'à l'autre. Pratiquez une entaille en diagonale en direction de la ligne de points d'arrêt du siège, jusqu'à l'intérieur des angles droits que vous avez cousus à la dixième étape (figure 5). Cette précaution permettra d'ajuster le siège aux côtés de la chaise.

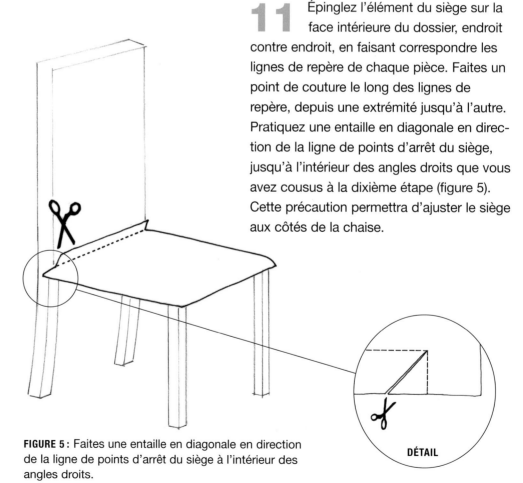

**DÉTAIL**

**FIGURE 5 :** Faites une entaille en diagonale en direction
de la ligne de points d'arrêt du siège à l'intérieur des
angles droits.

**12** Pour réaliser le volant de la housse, mesurez le pourtour du siège d'une bordure arrière à l'autre. Ajoutez 2,5 cm à cette mesure comme réserve pour les coutures, et taillez un morceau d'étoffe de cette longueur sur une largeur de 18 cm. Cousez une ligne de repère de 1,5 cm à la bordure supérieure du volant. Épinglez-la sur le siège en partant du centre de la façade et en pratiquant des entailles en direction de la ligne de repère afin que l'étoffe s'ajuste mieux aux angles de la façade. Continuez à épingler le volant au siège en alignant les lignes de repère. Lorsque vous atteindrez les côtés de la chaise, épinglez l'étoffe sur la ligne de couture latérale.

**13** Retirez la housse et cousez le volant d'une bordure latérale à l'autre en suivant les lignes de repère et en retirant les épingles à mesure que vous progressez.

**14** Surpiquez les petites sections où le volant jouxte les côtés de la face intérieure du dossier en repliant l'étoffe sous la face intérieure le long des points de repère, et cousez à proximité de la bordure (figure 6).

**15** Là où le volant touche les bordures arrière du dossier, épinglez les éléments et cousez-les.

**16** Pliez un double ourlet de 1,5 cm sur tout le bas du volant et surpiquez-le.

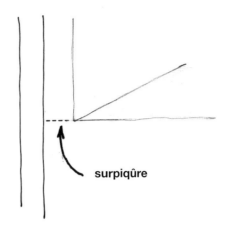

**surpiqûre**

**FIGURE 6 :** Surpiquez les endroits où le volant jouxte la face intérieure du dossier.

# Chaises de salle à manger façon mosaïque

Jouez avec les couleurs d'une pièce en composant ces housses façon mosaïque. Ici, j'ai employé de la veloutine de trois teintes différentes pour créer une ambiance chaleureuse.

**1** On se facilitera la tâche en confectionnant un patron de tous les éléments pour la chaise à recouvrir. Pour cela, il faut du papier journal, un ruban à mesurer, un feutre et des ciseaux. En vous reportant au schéma de la page 12 à titre indicatif, dessinez les trois sections suivantes sur le papier : A/B, C (à 7,5 cm sous le bord du siège) et E/F. Ajoutez une réserve de 2,5 cm pour les coutures sur les quatre côtés de A/B et C. Ajoutez une réserve de 7,5 cm pour les deux côtés et le devant de E/F, et une réserve de 4 cm pour le bord arrière de E/F. Indiquez les sections sur chaque élément : intérieur du dossier, arrière du dossier et siège.

**2** Prenez la mesure du volant de la chaise. De nouveau, reportez-vous au schéma de la page 12 et mesurez les éléments G (selon la longueur de votre choix) et H. En vous appuyant sur les mesures des patrons et du volant, déterminez la quantité d'étoffe qu'il vous faut. (Vous confectionnerez le rabat arrière à partir de restes.) Étant donné qu'il s'agit d'une mosaïque, il faudra peu d'étoffe de chaque couleur.

**3** Pliez le patron de l'arrière du dossier en deux dans le sens de la longueur et épinglez-le sur une étoffe d'une couleur. Tracez une réserve de 1,5 cm pour la couture à partir du pli du patron et taillez une section de cette couleur. Retournez le patron et taillez la section correspondante dans une étoffe d'une autre couleur. Épinglez ensemble les deux sections et cousez-les, ce qui constituera une couture au centre

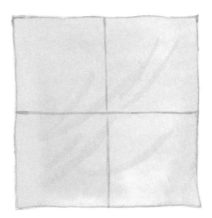

**FIGURE 1 :**
Confectionnez un patron de papier pour le rabat.

du dossier. Passez chacun des bords vifs de la couture à la surjeteuse, ouvrez la couture et pressez-la au fer chaud.

**4** Pour fabriquer le rabat que vous coudrez le long de la bordure supérieure du dossier, mesurez cette dernière et déterminez la longueur du rabat. Confectionnez un patron de papier pour le rabat. Pliez-le en deux et encore en deux (figure 1). Servez-vous du carré plié pour tracer les deux carrés supérieurs du rabat en ajoutant une réserve de 1,5 cm pour la couture sur trois côtés et de 5 cm pour l'ourlet à la bordure inférieure. Taillez tous les éléments et réunissez les quatre carrés qui formeront la mosaïque du rabat.

**5** Épinglez le dessous du rabat sur le carré de mosaïque, endroit contre endroit, faites les coutures latérales, passez chacun des bords vifs à la surjeteuse, ouvrez les coutures et repassez-les. Pliez l'ourlet de 5 cm, passez son bord vif à la surjeteuse et cousez-le au point coulé. Ne cousez pas la bordure supérieure.

**6** Posez le rabat sur l'arrière du dossier, l'envers du rabat sur l'endroit du dossier, alignez leurs bords vifs, appariez leurs centres, épinglez-les et cousez-les à l'aide d'un point de bâti.

**7** Pliez en deux le patron de la face intérieure du dossier dans le sens de la longueur et épinglez-le sur une étoffe d'une couleur. Tracez une réserve de 1,5 cm pour les coutures à partir du pli du patron et taillez un morceau d'étoffe de cette couleur. Retournez le patron et taillez la section correspondante dans une étoffe d'une autre couleur. Épinglez ensemble les deux sections et cousez-les, ce qui constituera une couture au centre du dossier. Passez chacun des bords vifs de la couture à la surjeteuse, ouvrez les coutures et pressez-les au fer chaud.

**8** Retournez la face intérieure du dossier et épinglez-la à l'envers sur la bordure supérieure de la chaise. Faites des pinces aux deux bordures supérieures afin d'ajuster la housse au côté de la chaise, et épinglez les pinces pour les retenir. À l'aide d'une craie de tailleur, marquez d'un trait l'endroit où le dossier jouxte le siège. Retirez la housse, cousez les deux pinces ainsi qu'une ligne de repère le long du trait de craie.

**9** Employez le croquis que vous avez fait du siège afin de réaliser un patron. Pliez le patron en deux dans le sens de la longueur, épinglez-le sur une étoffe d'une couleur, ajoutez une réserve de 1,5 cm pour la couture à partir du pli du patron et taillez l'étoffe. Retournez le patron et taillez la section correspondante dans une étoffe d'une autre couleur. Épinglez ensemble les deux sections et cousez-les, ce qui constituera une couture au centre du dossier. Passez chacun des bords vifs de la couture à la surjeteuse, ouvrez les coutures et pressez-les au fer chaud.

**10** Mesurez avec exactitude la largeur du dossier, d'une extrémité à l'autre, et posez des épingles sur ces marques, sur l'élément du dossier. Cousez une ligne de repère au point d'arrêt. Commencez depuis une épingle, cousez sur une longueur de 4 cm à partir du bord vif, dessinez un angle droit, cousez jusqu'à l'autre épingle, dessinez un autre angle droit et cousez jusqu'à l'autre bordure (figure 2). Alignez les centres de la face intérieure du dossier et de la bordure arrière du siège, et cousez en suivant votre ligne de repère, depuis un côté jusqu'à l'autre.

**11** Faites une entaille en diagonale jusqu'à la ligne de points d'arrêt du siège, à l'intérieur des angles droits que vous avez cousus à la dixième étape (figure 3). Cela vous permettra d'ajuster le siège aux côtés de la chaise. Passez la couture à la surjeteuse. Ensuite, taillez la couture jusqu'à la ligne de points d'arrêt sur les faces latérales de l'intérieur du dossier. De nouveau, reportez-vous à la figure 3.

**12** Posez les éléments à l'envers sur la chaise. À l'aide d'épingles, faites des pinces afin de résorber l'ampleur du tissu aux angles avant du siège, puis épinglez les éléments formant le devant et l'arrière sur le haut et les côtés. Retirez la housse, cousez les pinces sur le devant et réunissez les éléments avec une couture de 1,5 cm de long.

**13** Surpiquez les petites sections là où le volant jouxte les côtés de la face intérieure du dossier, en pliant cette dernière par-dessous la ligne de repère et en cousant à proximité de la bordure (figure 4).

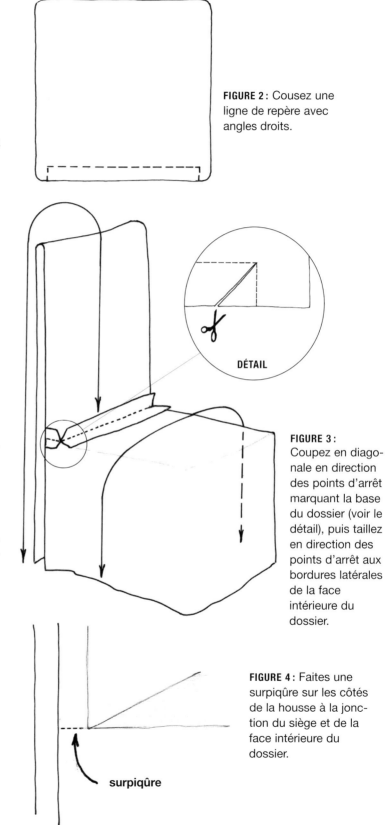

**FIGURE 2 :** Cousez une ligne de repère avec angles droits.

**DÉTAIL**

**FIGURE 3 :** Coupez en diagonale en direction des points d'arrêt marquant la base du dossier (voir le détail), puis taillez en direction des points d'arrêt aux bordures latérales de la face intérieure du dossier.

**FIGURE 4 :** Faites une surpiqûre sur les côtés de la housse à la jonction du siège et de la face intérieure du dossier.

surpiqûre

**14** Pour confectionner le volant à plis, partez de la mesure de l'élément H que vous avez prise à la première étape et divisez-la en deux (puisque vous utiliserez deux étoffes de couleurs différentes). Ajoutez 30,5 cm à chaque moitié (15,2 cm par pli creux à chaque angle) et une réserve de 2,5 cm pour la couture. Découpez les deux éléments dans des étoffes de couleurs différentes. Réunissez ces deux éléments avec une couture de 1,5 cm.

**15** Épinglez le volant à l'élément du siège, endroit contre endroit, en appariant les coutures du volant aux centres des faces intérieure et arrière du dossier. Faites des plis creux à chacun des angles (figure 5), en les ajustant lorsqu'il le faut pour vous assurer qu'il y a 15 cm de chaque côté de chacun des plis. Épinglez le reste du volant et cousez-le à la base. Passez chacun des bords vifs à la surjeteuse, ouvrez les coutures et pressez-les au fer chaud.

**16** Pressez l'ourlet, passez son bord vif à la surjeteuse et cousez-le au point coulé.

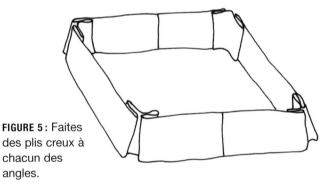

**FIGURE 5 :** Faites des plis creux à chacun des angles.

# Chaises endimanchée

Voici une manière très élégante de housser une chaise droite en prévision d'un grand événement. J'ai employé un voile doré presque transparent qui drape également l'arrière du dossier.

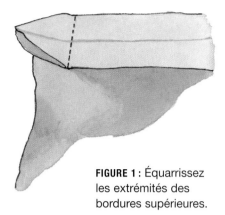

**FIGURE 1 :** Équarrissez les extrémités des bordures supérieures.

**FIGURE 2 :** Cousez une ligne de repère formant des angles droits.

**1** Mesurez la face intérieure et l'arrière du dossier en suivant les indications de la page 12. Prévoyez deux réserves de 5 cm pour les coutures et les ourlets, et taillez l'élément.

**2** Posez l'élément sur le dossier, à l'envers, les coutures bien alignées de chaque côté du dossier. Épinglez les pans d'étoffe depuis le haut du dossier jusqu'au siège. Retirez la housse et faites une ligne de couture là où vous avez épinglé. Équarrissez les extrémités des bordures supérieures. Pour ce faire, cousez une ligne qui forme la base d'un triangle à l'angle formé par chaque bordure (figure 1). Passez les bords vifs à la surjeteuse.

**3** Afin de délimiter la bordure arrière du siège, tracez d'abord un trait de craie là où le dossier jouxte le siège, et cousez une ligne de repère au point d'arrêt le long de ce trait.

**4** Il faut une largeur d'étoffe pour couvrir le siège jusqu'au sol de chaque côté. Afin de déterminer la quantité nécessaire, mesurez les sections F et G (reportez-vous au schéma de la page 12), additionnez-les, ajoutez 5 cm comme réserve pour les coutures et 5 cm pour les ourlets. Taillez l'élément qui constituera le siège.

**5** À l'aide d'une épingle, indiquez sur le siège le point correspondant au centre du dossier. Mesurez avec exactitude la largeur du dossier, d'une bordure à l'autre, et posez des épingles sur les bords. Cousez une ligne de repère au point d'arrêt. En partant d'une bordure, faites une couture de 4 cm de long, dessinez un angle droit, piquez jusqu'à l'autre bordure, dessinez un autre angle droit et revenez à votre point de départ (figure 2).

**6** Posez l'élément du dossier et celui du siège à l'envers sur la chaise. Appariez les centres du siège et du dossier, épinglez le long de la ligne de repère entre les deux bordures du dossier. Retirez la housse et faites une ligne de couture là où sont les épingles.

**7** Pratiquez une entaille en diagonale jusqu'à la ligne de points d'arrêt du siège, à l'intérieur des angles droits que vous avez cousus à la dixième étape (figure 3). Cela vous permettra d'ajuster le siège aux côtés de la chaise. Passez la couture à la surjeteuse. Ensuite, taillez la couture jusqu'à la ligne de points d'arrêt sur les faces latérales de l'intérieur du dossier. De nouveau, reportez-vous à la figure 3.

**8** Cousez les longues bordures du siège au dossier et passez la couture à la surjeteuse. Surpiquez les petites sections là où le volant jouxte les côtés de la face intérieure du dossier, en pliant cette dernière par-dessous la ligne de repère et en cousant à proximité de la bordure (figure 4).

**9** Posez la housse sur la chaise, à l'endroit cette fois, et tracez l'ourlet à l'aide d'une craie de tailleur en prévoyant une réserve pour qu'il touche le sol. Retirez la housse et exécutez un mince ourlet à la surjeteuse – ou encore passez le bord à la surjeteuse, ourlez-le sur 6 mm et surpiquez-le.

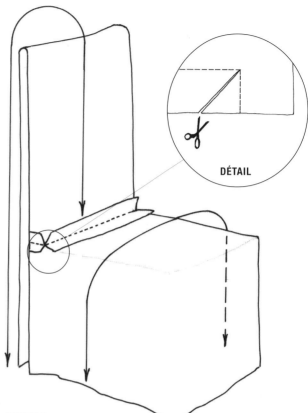

**FIGURE 3 :**
Coupez en diagonale en direction des points d'arrêt marquant la base du dossier (voir le détail), puis taillez en direction des points d'arrêt aux bordures latérales de la face intérieure du dossier.

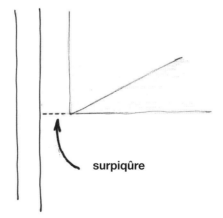

**surpiqûre**

**FIGURE 4 :** Faites une surpiqûre sur les côtés de la housse à la jonction du siège et de la face intérieure du dossier.

**10** Afin de réaliser le drapé à l'arrière du dossier, prenez le reste du tissu (après avoir taillé le dossier, il devait vous rester un morceau d'environ 80 cm de large sur près de 2 mètres de long). Roulez un ourlet étroit tout autour ou passez le bord vif à la surjeteuse, et surpiquez un ourlet de 6 mm.

**11** Afin de fixer le drapé au dossier, confectionnez deux bandes d'étoffe qui, une fois terminées, feront 9 cm de long sur 1,5 cm de large. Surpiquez les extrémités des bandes aux bordures de chaque côté de la chaise pour en faire des passants (photo 1), et faites glisser l'étoffe du drapé d'un passant à l'autre. Ajustez le drapé selon votre goût (photo 2).

**PHOTO 1 :** Pour former des passants, surpiquez des bandes sur les côtés de la chaise.

**PHOTO 2 :** Ajustez le drapé.

# Chaises pour le thé entre copines

Si vous avez des fillettes ou si vos petites-filles vous rendent visite comme c'est le cas chez moi, ces housses toutes mignonnes agrémenteront les chaises de leur dînette et feront de leurs thés chez Grand-mère un souvenir impérissable. J'ai eu de la chance de dénicher aux puces ces chaises au dossier rond ainsi que la table assortie. J'ai confectionné les housses dans une étoffe diaphane et vaporeuse en sachant que mes petites-filles ne manqueraient pas d'apprécier l'effet qu'elles feraient sur leurs invitées.

**1** Posez l'étoffe sur la chaise en lui faisant épouser le dossier et en la laissant retomber sur le sol.

**2** Coupez environ 2 m de ruban diaphane et indiquez-en le centre à l'aide d'une épingle. Commencez à épingler le ruban à l'étoffe en appariant leurs centres le long de la ligne de rencontre entre le siège et le dossier, en suivant la courbe de ce dernier. Continuez et terminez l'épinglage là où la face intérieure des deux montants extérieurs touche le siège. Retirez la housse et surpiquez les deux côtés du ruban à proximité de la bordure.

**3** Remettez la housse sur la chaise en la centrant avec précision et, à l'aide d'épingles, marquez l'emplacement des montants du dossier. À la prochaine étape, vous poserez des boutons décoratifs à ces endroits.

**4** Coupez 1,5 m de ruban, que vous centrerez à l'envers de la façade de la housse. Ce ruban passera plus tard par une boutonnière à l'arrière de la housse et servira à la fixer à la chaise, en plus de l'enjoliver. Alignez-le et épinglez-le sur le ruban de façade. Cousez les boutons en façade à travers le ruban et le voile (photo 1).

**PHOTO 1 :** Cousez les boutons en façade au ruban qui borde le dossier.

**5** Houssez la chaise. Déterminez avec exactitude le centre de l'arrière de la bordure du siège (entre les montants du centre) et indiquez-le avec une épingle. Taillez un autre ruban d'environ 2 m, indiquez son centre à l'aide d'une épingle et faites une boutonnière à cet endroit afin de le retenir.

**6** Remettez la housse sur la chaise, faites passer le ruban que vous avez cousu à la quatrième étape par la boutonnière (photo 2) et faites un joli nœud. Nouez les rubans sur les côtés en réunissant celui de devant et celui de derrière (photo 3).

**7** À partir de l'ourlet, marquez le bord de la housse tout le long du sol. Retirez la housse et exécutez à la surjeteuse un ourlet roulé comme je l'ai fait ici (ou passez les bords vifs à la surjeteuse), roulez-le sur 6 mm et surpiquez-le.

**8** Replacez la housse sur la chaise, nouez de nouveau les rubans, préparez des biscuits et de la limonade rose, et invitez les petites chéries à prendre le thé! Goûtez ces moments privilégiés, car elles grandissent si vite! Lorsqu'elles seront grandes, elles vous remercieront pour ces merveilleux souvenirs.

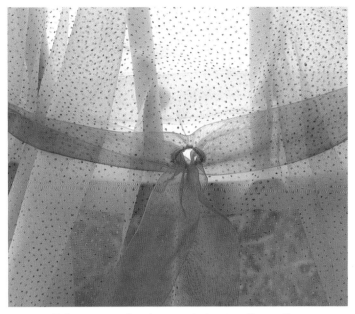

**PHOTO 2 :** Faites passer le ruban par la boutonnière arrière.

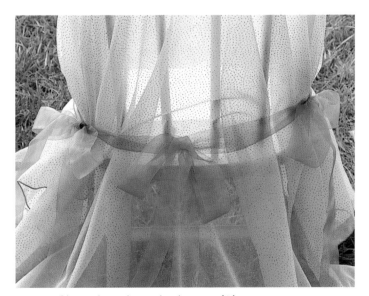

**PHOTO 3 :** Nouez les rubans de chaque côté.

# Chaises bistrot des Caraïbes

Si vos meubles de jardin ont besoin d'une cure de rajeunissement, voilà qui fera souffler une brise tropicale sur des chaises bistrot classiques.

## DOSSIER DE LA CHAISE

**1** Mesurez l'espace entre les montants latéraux du dossier, puis entre le haut et le bas du dossier, selon la configuration de la chaise. Taillez deux morceaux de l'étoffe de recouvrement et un morceau de l'étoffe destinée à la doublure, qui feront 2,5 cm de plus que la mesure exacte.

**2** Pour réaliser la façade, posez un passepoil à 1,5 cm des bords vifs de l'étoffe à l'aide du pied guide-cordonnet de votre machine. Commencez et terminez cette opération à un angle inférieur. J'ai employé un cordonnet du commerce de ton contrasté afin de bien définir les bordures extérieures.

**3** Sur les faces inférieure et latérales de l'autre morceau d'étoffe de recouvrement, qui constituera le rabat arrière, pliez un double ourlet de 6 mm et surpiquez-le.

**4** Épinglez la bordure supérieure du rabat sur l'élément de façade, endroit contre endroit. Les bordures doivent se réunir avec précision dans les angles supérieurs. Faites un point de couture à l'aide du pied guide-cordonnet de votre machine le long de la ligne de couture du passepoil.

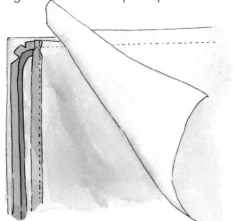

**FIGURE 1 :** Mise en place de la doublure entre la façade et l'arrière de la housse.

**PHOTO 1 :** Cousez des boutons-pression afin de retenir le rabat arrière au dossier.

**5** Posez l'élément de doublure sur l'élément de façade, endroit contre endroit ; le rabat arrière sera également à l'envers. Épinglez la doublure et cousez-la exactement sur la ligne de couture du passepoil (figure 1). Commencez à faire une couture de 5 cm à partir d'un angle de la bordure inférieure. Le trait de couture doit dessiner l'angle, remonter le long du côté, longer le dessus du dossier et redescendre de l'autre côté. Tracez l'autre angle et arrêtez le trait de couture 5 cm après l'angle. Prenez garde au rabat arrière lorsque vous exécuterez cette couture.

**6** Coupez le tissu en trop, pratiquez une entaille dans les angles et retournez la pièce sur l'endroit. Pressez-la au fer chaud et refermez l'ouverture à l'aide d'un point coulé.

**7** Remettez la housse sur la chaise et cousez trois boutons-pression sur la bordure inférieure afin de retenir la housse au dossier (photo 1).

## SIÈGE DE LA CHAISE

**1** Mesurez le siège dans les deux sens. Ajoutez 10 cm à la mesure entre les bords arrière et avant en prévision de la bordure festonnée. (Si le motif de l'étoffe choisie n'a pas de sens particulier, vous pouvez ajouter 20,5 cm à la mesure, ce qui vous fera suffisamment d'étoffe pour confectionner une bordure festonnée à l'arrière du siège. Pour ma part, il m'a fallu ajouter un autre morceau d'étoffe en guise de festons arrière et latéraux afin que le motif soit apparié comme il se devait.) Prévoyez une réserve 1,5 cm pour les coutures et taillez votre étoffe.

**2** Dessinez un patron de papier en prévision de la bordure festonnée. Mesurez l'espace à couvrir et taillez un patron qui comportera trois festons de mêmes dimensions. Posez le patron sur l'endroit de l'étoffe, tracez-en le contour à l'aide d'un feutre hydrosoluble et taillez votre pièce.

**3** Pour façonner le rabat arrière, taillez un morceau d'étoffe qui fasse 2,5 cm de plus que de la largeur du dossier et 11,5 cm de plus que sa profondeur. Utilisez le patron pour confectionner une autre bordure festonnée et taillez l'étoffe.

**4** Cousez le rabat arrière à la bordure supérieure du siège, endroit contre endroit, en employant une couture de 1,5 cm.

**5** Taillez un morceau de doublure qui corresponde au morceau que vous avez cousu à l'étape précédente.

**6** Cousez un passepoil du commerce du côté droit du morceau que vous avez cousu à la quatrième étape, à 1,5 cm des bords vifs. Pratiquez des entailles dans les courbes afin que le passepoil épouse les festons.

**7** Posez la doublure sur l'élément principal que vous avez cousu à la quatrième étape, endroit contre endroit, et épinglez-la. À l'aide du pied guide-cordonnet de votre machine, cousez avec précision le long de la ligne de couture du passepoil. Ne cousez pas les côtés ; ils doivent rester ouverts en prévision des festons latéraux. Coupez le tissu en trop, retournez la pièce sur l'endroit et pressez-la au fer chaud.

**8** Pour confectionner les festons latéraux, mesurez le côté de la chaise et taillez deux morceaux d'étoffe qui fassent 5 cm de plus que cette mesure comme réserve pour les coutures sur 11,5 cm. Ensuite, taillez deux morceaux d'étoffe de doublure de mêmes dimensions.

**9** Faites un autre patron de papier pour les festons latéraux. Posez-le sur l'étoffe de recouvrement, tracez deux festons et taillez-les. À la bordure arrière de chaque rabat latéral, vous prévoirez un surplus de 4 cm qui se rendra jusque derrière et que vous replierez sous le rabat arrière.

**10** La difficulté entourant la confection des rabats latéraux de ma chaise provient de ce que ses montants latéraux se trouvent à 5 cm du bord arrière de celle-ci (photo 2) ; aussi, cet élément du rabat latéral ne doit pas être cousu à la face supérieure du siège. Si vous êtes confrontée à la même difficulté, posez la housse sur le siège et indiquez à l'aide d'une épingle l'endroit où le montant jouxte le siège.

**11** Cousez le passepoil aux rabats latéraux, à 1,5 cm des bords vifs, à l'aide du pied guide-cordonnet de votre machine. Cousez-le tout le long du feston

jusqu'à l'arrière de la bordure inférieure. Ajoutez un petit morceau de passepoil à la bordure supérieure, à partir du point que vous avez épinglé à l'arrière à la dixième étape, jusqu'au point de rencontre entre le montant latéral et la chaise.

**12** Posez les éléments de doublure sur les rabats latéraux, endroit contre endroit, et épinglez-les. Faites une couture à l'aide du pied guide-cordonnet le long de la ligne de couture du passepoil, pratiquez des entailles dans les courbes, retournez les éléments sur l'endroit et pressez-les au fer chaud.

**13** Posez les bordures supérieures des rabats latéraux à l'intérieur des fentes latérales de la housse du siège. Épinglez-les et vérifiez qu'elles sont bien ajustées à cette housse.

**14** Retirez la housse et faites une surpiqûre dans la rainure formée par la rencontre du passepoil et de l'étoffe de dessus, afin de fixer les bordures latérales à l'élément du dessus.

**15** Replacez la housse sur la chaise de sorte que les bandes latérales passent sous le rabat arrière (figure 2). Cousez des boutons-pression à la face arrière de chacune d'elles pour les assujettir (photo 2).

**FIGURE 2 :**
Les bandes latérales doivent passer sous le rabat arrière.

# *accessoires*

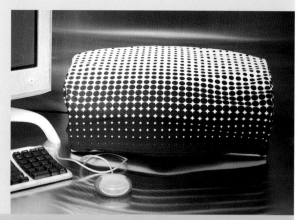

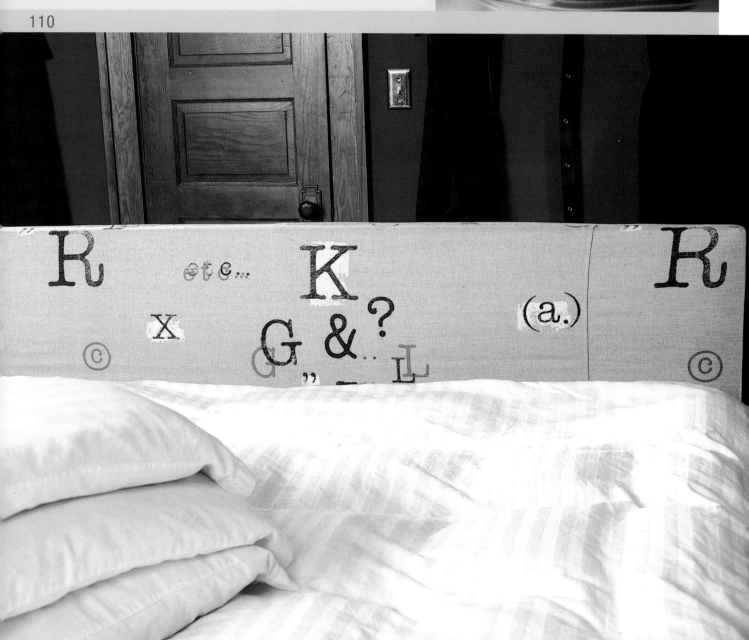

# Tête de lit grand format

Il s'agit d'un projet très facile à réaliser, pour peu que vous fixiez votre choix sur une étoffe de couleur unie ou dont il n'est pas nécessaire d'apparier les motifs. Si vous choisissez, comme je l'ai fait, une étoffe dont il faut apparier le motif, le travail sera un peu plus complexe mais nullement impossible. Les indications vous montreront point par point la marche à suivre.

Remarque : En général, le motif d'une étoffe imprimée se répète environ tous les 70 cm. Les indications qui suivent s'appuient sur cette mesure.

1 Taillez l'étoffe. La tête d'un lit grand format est plutôt large. Celle-ci fait 198 cm de large et 63,5 cm de haut, entre ses bordures inférieure (à la hauteur du sommier) et supérieure. Si vous travaillez avec une étoffe qui fait 137 cm de large, vous devrez la mettre en place sur la tête du lit de manière à ne pas avoir une couture au centre de la façade. Trois largeurs d'étoffe cousues couvrent la plupart des têtes de lit et laissent une réserve suffisante pour faire une couture à l'arrière (figure 1). La longueur de chaque morceau doit égaler la hauteur de la tête de lit, plus la largeur de la bordure supérieure, plus une réserve de 1,5 cm pour la couture et une autre de 2,5 cm pour l'ourlet.

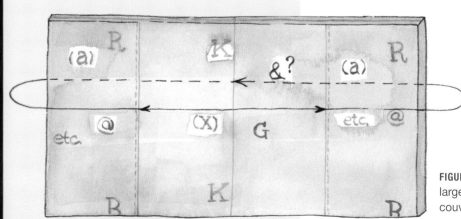

**FIGURE 1 :** Cousez trois largeurs d'étoffe afin de couvrir la tête de lit.

**2** Surpiquez les coutures des trois largeurs d'étoffe en employant des aiguilles jumelées.

**3** Épinglez les morceaux d'étoffe sur la tête de lit à l'aide d'épingles en T. Étirez bien l'étoffe et épinglez ses bordures, en les ramenant l'une sur l'autre, à l'arrière au centre du panneau. Retirez la housse et surpiquez la couture arrière à l'aide d'aiguilles jumelées.

**4** Remettez la housse sur la tête de lit, à l'envers cette fois. Joignez les bordures le long de l'arête supérieure du panneau et épinglez-les d'un côté à l'autre. Cousez la bordure et passez la couture à la surjeteuse. Pressez-la à l'aide d'un fer chaud et surpiquez la ligne de couture à l'aide d'aiguilles jumelées.

**5** Afin de résorber les angles extérieurs de la bordure supérieure, formez un triangle avec le surplus d'étoffe de chaque angle, épinglez la face inférieure du triangle et faites un point de couture le long de cette ligne (figure 2). Coupez tout surplus d'étoffe et passez les bords à la surjeteuse.

**6** Pour réaliser l'ourlet inférieur, passez les bords vifs à la surjeteuse, pressez au fer chaud un ourlet de 6 mm et surpiquez-le.

**UN CONSEIL** : J'ai employé une toile qui se froisse facilement lorsqu'on la manipule. J'ai dû la repasser souvent entre les ajustements et lui donner un pressage final avant de l'assembler à la tête de lit. Je ne l'ai pas rendue irrétrécissable par crainte qu'elle ne perde son craquant. Je ne peux donc pas laver la housse à la machine mais, étant donné qu'elle n'exigera pas autant de lavages que la housse d'un pouf ou d'un fauteuil, je la ferai nettoyer à sec chez le teinturier.

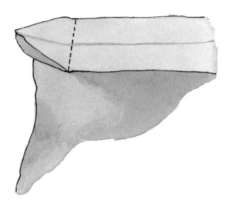

**FIGURE 2** : Résorbez les angles extérieurs de la bordure supérieure en formant un triangle avec l'étoffe et en cousant sa base.

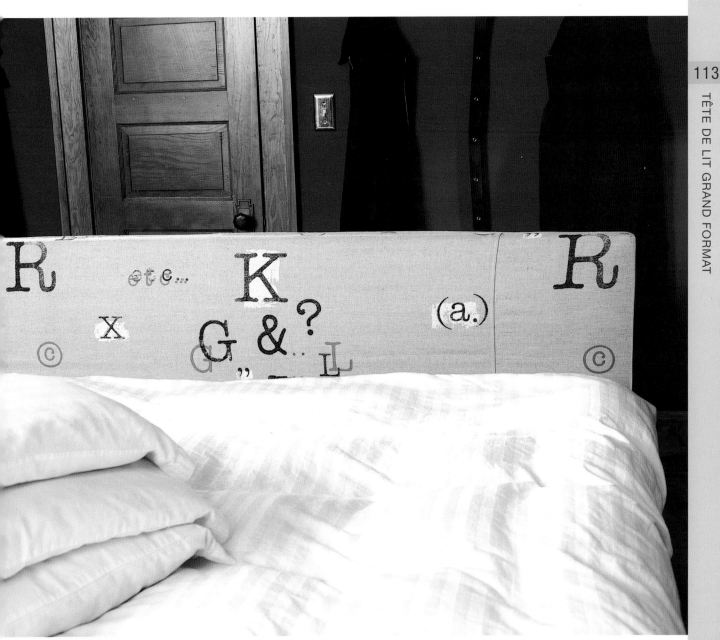

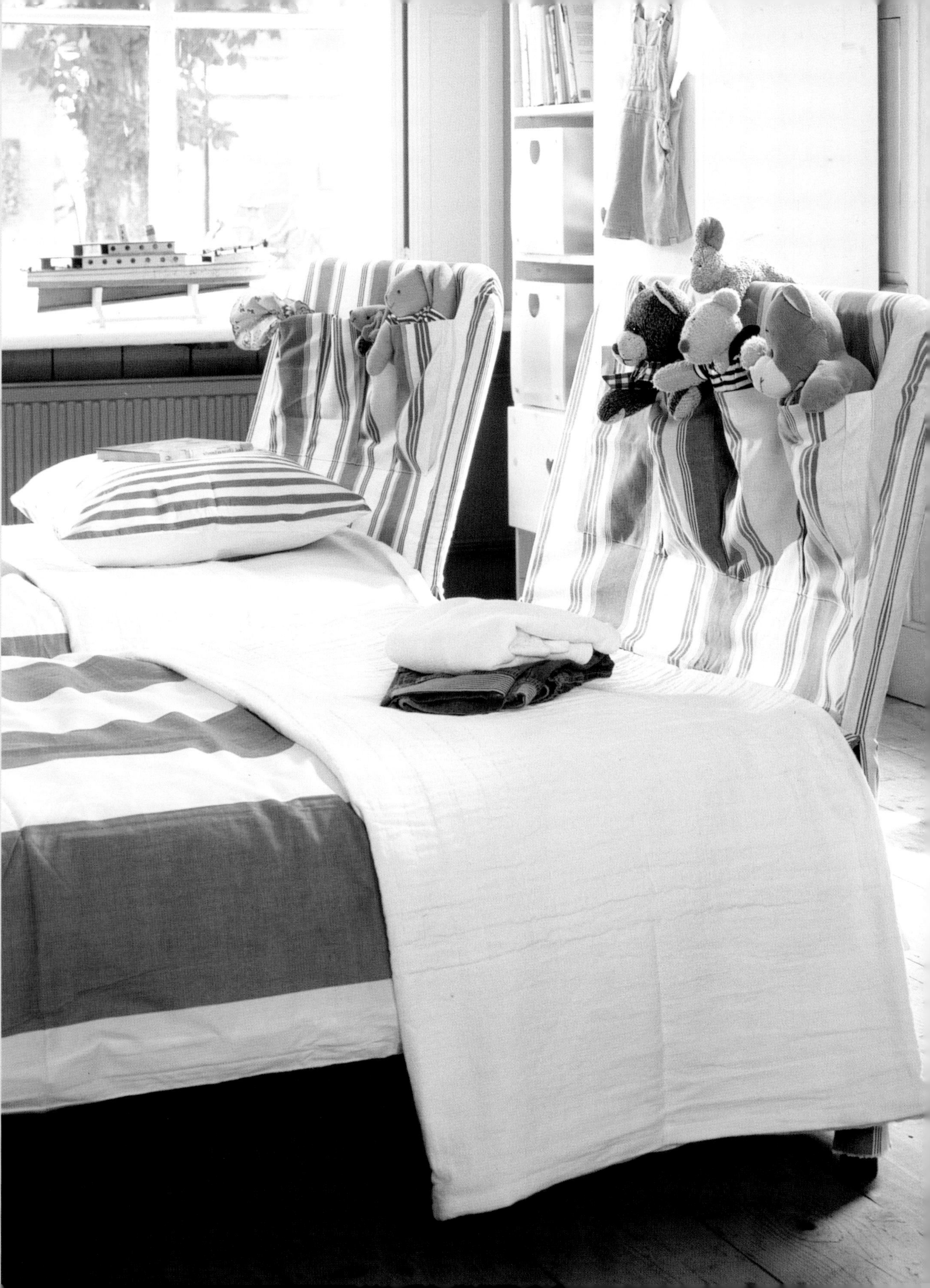

# Vide-poche pour les enfants

Songez aux livres de contes, aux oursons en peluche et autres jouets! Les enfants ont besoin d'espaces de rangement à proximité de l'endroit où ils dorment. Il suffit d'enfiler ces jolis vide-poches sur la tête ou le pied de leurs lits, et leurs joujoux préférés seront à leur portée!

**1** Mesurez la hauteur et la largeur de la tête ou du pied de lit. (Prenez la mesure entre la surface du matelas et la bordure supérieure du panneau.) Ajoutez 10,5 cm à la largeur, et de 25,5 cm à 30,5 cm à la hauteur. Taillez deux éléments selon ces dimensions.

**2** Taillez un autre élément qui mesure 30,5 cm sur 137 cm. Cette bande d'étoffe servira à faire les quatre compartiments.

**3** À l'aide d'un fer chaud, pressez les bords de la bande d'étoffe sur une largeur de 2,5 cm, puis repliez-les de nouveau pour former un double ourlet de 1,5 cm. Surpiquez l'ourlet d'une bordure seulement (qui deviendra la bordure supérieure des compartiments).

**4** Reportez-vous à la figure 1 pour voir la disposition des plis que vous devez coudre afin de former quatre compartiments de 23 cm de large. Formez les plis et, afin de définir chacun des compartiments, surpiquez-en les côtés le long des plis (figure 2).

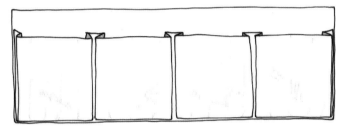

**FIGURE 1 :** Disposition des plis.

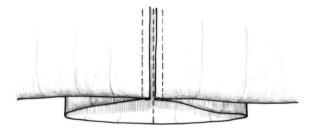

**FIGURE 2 :** Marquez les bordures des plis à l'aide d'une surpiqûre.

**5** Posez les compartiments sur la façade de l'une des bandes que vous avez taillées à la première étape. Posez-les à environ 7,5 cm sous la bordure supérieure et appariez leurs centres. Épinglez ensemble les deux éléments.

**6** Faites une couture au centre de chaque bande pliée afin de marquer l'extrémité des compartiments (figure 3). Commencez chaque ligne en cousant un triangle de renfort à la bordure supérieure. Ensuite, faites un trait de couture de chaque côté.

**7** Repliez, le long de la bordure inférieure, tous les plis qui forment les compartiments, de sorte que les bordures surpiquées soient aplaties. Faites une couture le long de la bordure inférieure à l'aide d'une aiguille renforcée et d'un fil de recouvrement.

**8** Drapez du feutre de polyester sur la tête ou le pied de lit en alignant la bordure pliée du feutre sur la bordure supérieure du panneau. Taillez le feutre qui excède les côtés ; il en faut juste assez pour coudre les deux faces. Cousez les deux faces à la main à l'aide d'une grosse aiguille et d'un fil de recouvrement. Assurez-vous que le feutre descend quelque peu sous la surface du matelas. Enlevez temporairement la doublure de feutre.

**9** Posez l'un sur l'autre les endroits de la housse et épinglez-les ici et là le long de la bordure supérieure. Posez la housse ainsi épinglée à l'envers sur le panneau et continuez d'épingler la bordure supérieure ; résorbez toute ampleur sur les bordures latérales à l'aide de plis ou de pinces. Épinglez les bordures latérales en évitant de trop ajuster. (N'oubliez pas que la housse couvrira la doublure de feutre.) N'épinglez pas les côtés jusqu'en bas ; vous enfilerez la housse sur le panneau avec plus de facilité s'il y a une petite fente de chaque côté.

**10** Retirez la housse épinglée et cousez-la en retirant les épingles à mesure que vous progressez. Taillez la couture. Afin d'ourler les bordures inférieure et latérales, repliez-les de 2,5 cm, pressez le pli et repliez-les de nouveau afin de former un double ourlet de 1,5 cm. Faites un trait de couture le long de l'ourlet. Retournez la housse sur l'endroit.

**11** Enfilez la doublure de feutre sur le panneau et passez la housse par-dessus.

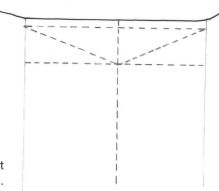

**FIGURE 3 :** Cousez un triangle de renfort avant de coudre le centre de chaque pli.

# Balancelle de véranda

De prime abord, on ne songerait pas à housser une balancelle. Mais, en y réfléchissant à deux fois, quoi de plus normal que d'ajouter au confort d'un élément du mobilier destiné à la détente ? Les dimensions de ma balancelle sont standard. Je n'ai eu besoin que de 2,25 m d'étoffe et d'un morceau de ouatine de polyester de la largeur du siège.

**1** Taillez un morceau d'étoffe qui couvrira tant la face intérieure du dossier que les faces supérieure et inférieure du siège. L'étoffe devrait excéder de 6,5 cm la façade du siège jusqu'à couvrir complètement sa face inférieure. Veillez à compter une réserve de 5 cm pour les coutures.

**2** Taillez un autre morceau d'étoffe qui couvrira l'arrière du dossier intérieur. À la cinquième étape, nous fixerons une fermeture à glissière le long de la couture qui réunit la face inférieure du siège et le côté inférieur de la face intérieure du dossier.

**3** Pour confectionner le rabat du dossier, taillez un morceau d'étoffe qui équivaudra au dossier de la balancelle et auquel vous ajouterez une réserve de 5 cm pour l'ourlet et une autre de 5 cm pour les coutures. Il vous faudra également cinq attaches qui retiendront la housse, et pour lesquelles vous taillerez quatre bandes de 8 cm sur 23 cm.

**4** Épinglez une longue bande de la section principale (celle que vous avez taillée à la première étape) sur la bande qui constituera l'arrière du dossier ; posez les épingles sur la ligne de rencontre entre le dossier et le siège.

**FIGURE 1 :** Les sections épinglées auxquelles est fixée la fermeture. L'étoffe est pliée sous la bordure du siège afin de délimiter le rabat inférieur.

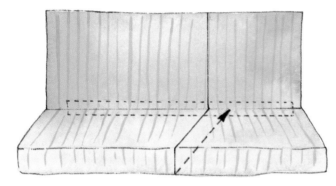

**5** En suivant les indications de la page 20, fixez une fermeture à glissière sur la couture épinglée. Ici, j'ai confectionné ma propre fermeture, car il m'en fallait une très longue. Si vous préférez en acheter une, on en trouve aussi de très longues destinées aux housses de canapé.

**6** Posez l'étoffe sur la balancelle en alignant la fermeture à glissière sur la ligne de rencontre entre le siège et la face intérieure du dossier (figure 1). Pliez l'étoffe de sorte que la partie inférieure du rabat couvre la façade du siège, à environ 6,5 cm sous le bord de ce dernier (figure 1). Épinglez le pli pour l'instant. Lissez l'étoffe tout le long du siège et sur la face intérieure du dossier.

**7** À l'aide d'une craie de tailleur, marquez précisément sur l'envers de l'étoffe les bordures latérales de la balancelle, là où vous passerez les coutures. J'ai fini en fuseau les coutures intérieures de la face

FIGURE 2 : Appariez les centres et épinglez le rabat arrière sur la face intérieure du dossier.

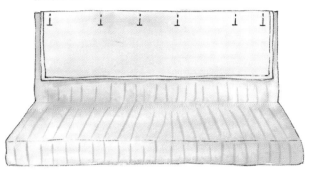

intérieure du dossier, afin que l'étoffe en épouse mieux la forme. Retirez la housse et, avec un fer à repasser, pressez le pli du rabat de façade. Retirez les épingles qui tenaient le pli.

**8** Passez trois côtés (deux courts et un long) du rabat arrière à la surjeteuse et surpiquez-les.

**9** En appariant les centres, épinglez le rabat arrière sur la face intérieure du dossier, endroit contre endroit (figure 2). Faites la ligne de couture au point de bâti.

**10** Posez la housse sur une surface de travail dégagée (sur une grande table ou sur le sol), endroit contre endroit. Appariez les bordures latérales de la section principale de façon à pouvoir les coudre. Ce faisant, assurez-vous que le bord plié du rabat de façade est replié le long de la ligne que vous avez pressée. Épinglez les faces latérales et faites une ligne de couture le long des marques de craie que vous avez tracées à la septième étape. Ensuite, cousez la bordure supérieure que vous avez bâtie à la neuvième étape. Passez tous les bords vifs à la surjeteuse.

**11** Retournez la housse sur l'endroit et faites une surpiqûre le long du pli du rabat de façade que vous avez pressé à la septième étape.

**12** À partir des quatre bandes que vous avez taillées à la troisième étape et en suivant les indications de la page 25, confectionnez quatre attaches pour le rabat arrière. Cousez-en deux sur les côtés à la longue bordure ourlée du rabat arrière. Cousez les deux autres au bas du siège, à la fermeture, en vous assurant qu'elles sont alignées sur celles qui se trouvent sur le rabat arrière (photo 1).

**13** Taillez un morceau de ouatine de polyester de la dimension du siège ; insérez-le dans la partie formant le siège (photo 2) et fermez. Posez la housse sur la balancelle, nouez les attaches à l'arrière, ajoutez quelques jolis coussins, prenez place et relaxez-vous !

PHOTO 1 : Fixez deux attaches au rabat arrière.

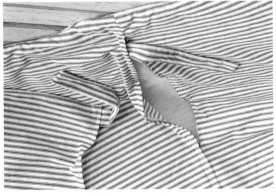

PHOTO 2 : Insérez de la ouatine de polyester dans la partie formant le siège.

Si vous possédez une table qui ne vous plaît plus et que vous souhaitez dissimuler, vous pourriez transformer son aspect en la recouvrant de tissu. Étant donné que la mienne se trouvait sur une véranda, j'ai choisi un tissu bayadère comme celui dont on fait les vélums. En outre, j'ai houssé de couleurs assorties les coussins d'un canapé fait de branches afin de rappeler les rayures de la nappe. Si vous optez pour un tissu rayé, vous devrez décider de l'orientation des rayures avant de calculer la quantité nécessaire.

# Table de véranda

**1** Mesurez la longueur, la largeur et la hauteur de la table.

**2** Taillez un morceau d'étoffe qui puisse couvrir le tout, à l'exception des deux extrémités de la table. Il doit mesurer le double de la hauteur de la table (plus une réserve de 5 cm pour l'ourlet) ajouté à la largeur de la table (plus une réserve de 7,5 cm pour la couture et l'ourlet).

**3** Taillez deux morceaux qui constitueront les extrémités de la nappe. Chacun doit mesurer la largeur de la table plus une réserve de 10 cm pour les coutures latérales et les plis, ajoutées à sa hauteur plus 7,5 cm comme réserve pour la couture et l'ourlet.

**4** Posez sur la table la principale section de la nappe (celle que vous avez taillée à la seconde étape). Laissez traîner au sol la réserve pour l'ourlet et répartissez de chaque côté la réserve pour les coutures. À l'aide d'épingles, indiquez avec exactitude les bordures latérales de la nappe et chacun des quatre coins (figure 1). Retirez l'étoffe et cousez une ligne de repère en ôtant les épingles à mesure que vous progressez. Vous fixerez les pans latéraux à partir de cette ligne.

**5** En appariant les centres, épinglez les pans latéraux sur la section principale. Cousez-les avec précision le long de la ligne de repère que vous avez tracée à la quatrième étape. Continuez à coudre chacune des quatre lignes d'angle de haut en bas.

**6** Afin de façonner les plis d'angle, faites une couture de 10 cm à chacun des coins. Repliez le surplus d'étoffe (à partir de chaque angle vers les bordures des côtés) et cousez de nouveau sur votre couture précédente afin de maintenir le pli (photos 1 et 2). Passez tous les bords à la surjeteuse.

**7** Posez la nappe sur la table et épinglez l'ourlet sur les quatre côtés. Retirez la nappe, passez les bords vifs à la surjeteuse et faites une couture invisible sur l'ourlet.

**FIGURE 1 :** Marquez chacun des angles à l'aide d'une épingle.

**PHOTOS 1 ET 2 :** Comment former les plis d'angle.

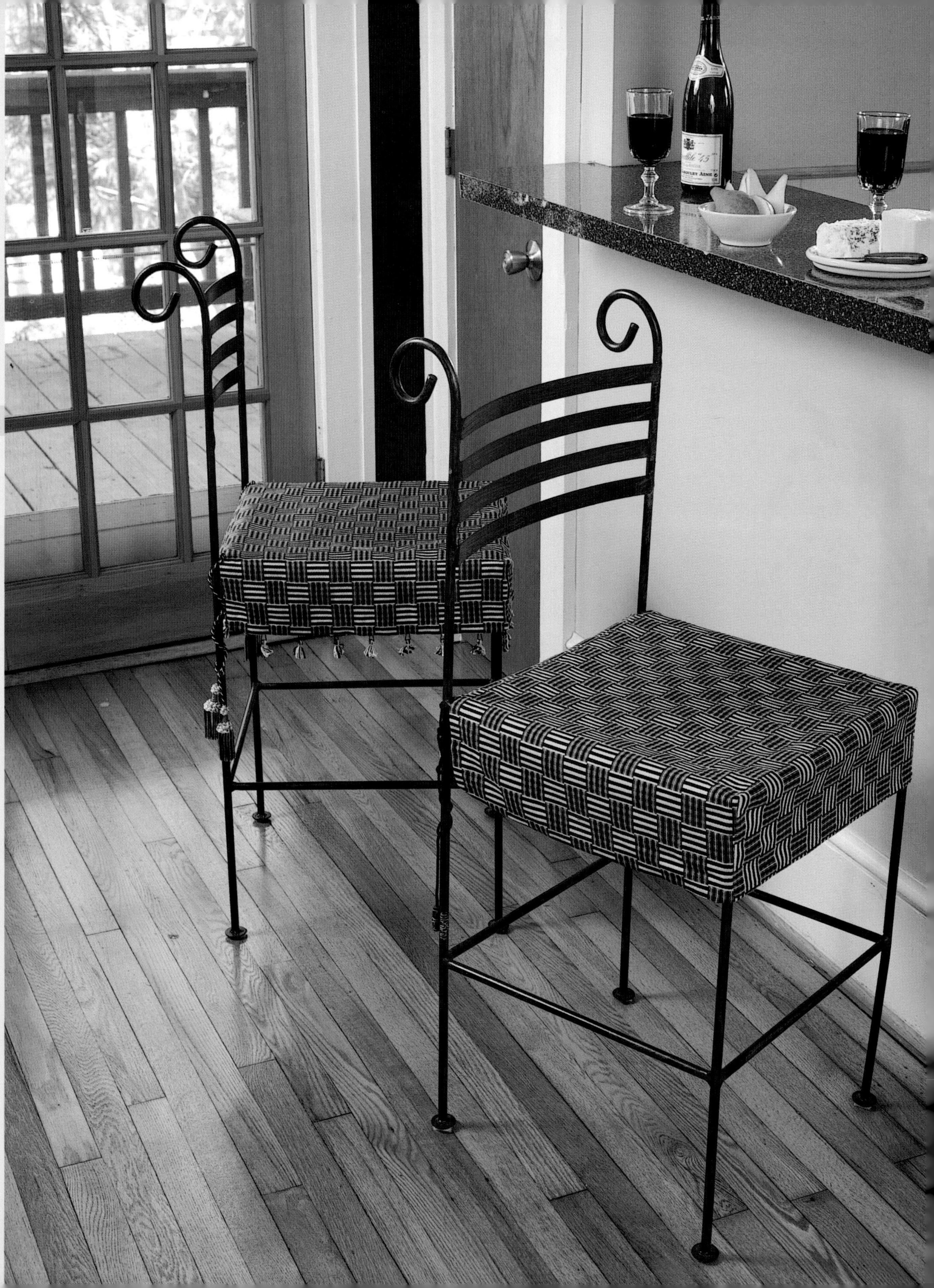

# Tabourets de bar

Il est facile de housser un tabouret dont le siège est carré ou rectangulaire, et nombreux sont les éléments décoratifs que l'on peut y ajouter. J'ai posé une frange et des glands sur l'un, alors que pour l'autre j'ai mis en relief la netteté des lignes grâce à des lacets noués auxquels j'ai fixé des billes de pierre.

**1** Mesurez le siège du tabouret et décidez de la hauteur des rabats latéraux. J'ai opté pour des rabats de 12,5 cm. Ajoutez une réserve de 1,5 cm pour les coutures et une autre de 2,5 cm pour l'ourlet. Taillez ensuite le morceau d'étoffe qui constituera le siège, ainsi que les rabats de la façade et des côtés.

**2** Le rabat arrière est un ajout. Taillez un morceau d'étoffe en prévoyant de nouveau une réserve de 1,5 cm pour les coutures et une autre de 2,5 cm pour l'ourlet.

**3** Appariez les centres de l'arrière de la principale section et du rabat arrière, épinglez ensemble les deux éléments et cousez-les en vous assurant que le rabat tient avec précision entre les montants arrière du siège. Passez à la surjeteuse les bordures inférieure et latérales du rabat arrière, pliez les ourlets des côtés et de la façade et surpiquez-les, ou encore cousez-les d'un point invisible exécuté à la main ou à la machine.

**4** Posez la housse à l'envers sur le tabouret et résorbez les deux angles de façade en y formant des pinces, que vous fixerez avec des épingles. Retirez la housse, cousez les pinces et passez les coutures à la surjeteuse.

**5** Ourlez les bordures inférieure et arrière des rabats sur une largeur de 1,5 cm après avoir passé les bords vifs à la surjeteuse. Surpiquez l'ourlet ou cousez-le au point invisible.

## AJOUT DE LACETS ET DE PERLES

Faites des boucles à l'aide d'un lacet en vous assurant qu'elles laisseront passer vos perles. Cousez à la main le lacet ainsi bouclé aux angles formés par les côtés et le rabat arrière. Fixez des perles ou des billes aux lacets (celles que j'ai employées sont appelées *om mani*) à l'aide d'une petite quantité de colle. Lorsque la housse est en place, entrecroisez le lacet dans les boucles et nouez-le.

## AJOUT D'UNE FRANGE ET DE GLANDS

Procurez-vous suffisamment de frange pour border le périmètre inférieur du siège du tabouret. Fixez-la à l'ourlet avant de retourner la housse. Surpiquer la frange ou cousez-la en exécutant un point invisible. Ajoutez des glands aux coins arrière et cousez-les à la main. Nouez-les ou entortillez-les aux pattes arrière.

# Imprimante

Le nouveau millénaire est entamé, et les ordinateurs font désormais partie intégrante de notre existence. Il est nécessaire de housser votre imprimante afin de prévenir l'accumulation de poussière – ou de poils, si vous partagez votre maison avec un compagnon à fourrure. Il est facile de confectionner une housse personnalisée, et la chose exige moins d'un demi-mètre d'étoffe.

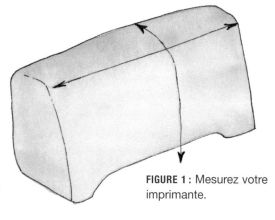

**FIGURE 1 :** Mesurez votre imprimante.

**1** Mesurez votre imprimante d'une extrémité d'un côté à l'autre en contournant le dessus pour en connaître la largeur, et de la façade à l'arrière pour en connaître la profondeur (figure 1). Prévoyez une réserve de 2,5 cm pour la couture et l'ourlet, et taillez dans l'étoffe choisie.

**2** Mesurez la face arrière de l'imprimante d'un côté à l'autre et de bas en haut, en ajoutant une réserve de 2,5 cm pour la couture et l'ourlet, et taillez cet élément.

**FIGURE 2 :** Faites un patron pour les panneaux latéraux.

**3** Afin de façonner les côtés, faites un patron en fixant du papier journal sur un côté de l'appareil avec du ruban adhésif, et tracez-en le contour à l'aide d'un feutre (figure 2). Prévoyez une réserve de 1,5 cm pour la couture qui en fera le tour, et une autre de 2 cm pour l'ourlet. Découpez le patron et utilisez-le pour tailler deux morceaux d'étoffe symétriques.

**4** Posez à l'envers sur l'imprimante les morceaux d'étoffe qui en couvriront la façade et l'arrière, et épinglez la bordure supérieure arrière en épousant la courbe de l'appareil. Retirez les morceaux d'étoffe et cousez-les.

**5** Remettez la housse sur l'imprimante, encore à l'envers, et épinglez les côtés sur l'élément principal en prévoyant une ouverture pour le câble d'alimentation, lequel se trouve généralement à l'arrière et du côté gauche. Cessez d'épingler lorsque vous arrivez à l'ouverture prévue et laissez flotter le reste de l'étoffe jusqu'à l'ourlet. Vous réunirez les pans d'étoffe sous le câble par la suite, à l'aide d'une fermeture en velcro. Étant donné que la housse se trouve à l'envers, n'oubliez pas (ainsi que je l'ai fait la dernière fois) que l'ouverture doit se trouver du côté opposé à celui du câble : elle se trouvera du bon côté lorsque vous retournerez la housse.

**6** Retirez la housse et cousez-en les côtés en respectant l'ouverture prévue pour le câble ; enlevez les épingles à mesure que vous progressez. Passez les coutures à la surjeteuse.

**7** Remettez la housse sur l'imprimante, à l'endroit cette fois. Indiquez d'une épingle l'emplacement où entrera le câble à l'arrière. Vous devrez peut-être allonger cette ouverture. Au besoin, faites une petite fente dans l'étoffe pour faire passer le câble. Afin de couvrir la fente d'une bande de tissu, reportez-vous aux troisième et quatrième étapes de la page 79. (On doit faire appel à la même technique pour couvrir les fentes des housses confectionnées à partir de bandanas.)

**8** Remettez la housse sur l'imprimante, marquez l'ourlet sur toute la bordure inférieure, retirez la housse, passez le bord vif à la surjeteuse et surpiquez l'ourlet. Pour terminer, repliez les ourlets latéraux sous la fente que vous avez faite à la septième étape et fixez une fermeture en velcro (figure 3).

**FIGURE 3 :** Fermeture latérale de l'ouverture prévue pour le câble.

# Remerciements

Je souhaite remercier l'équipe de Lark Books qui m'a proposé de m'essayer à l'écriture. J'ai toujours été intimidée à l'idée d'écrire un livre et je le reste, même après l'avoir fait ! J'ai pu éprouver les limites de mes aptitudes et de ma créativité, non seulement devant la machine à coudre, mais devant la machine à écrire qu'est l'ordinateur. J'espère que celles qui trouveront cet ouvrage inspirant passeront à l'action et agrémenteront leurs intérieurs.

Je voudrais également adresser des remerciements aux personnes suivantes, qui m'ont gracieusement prêté leurs meubles pour réaliser ce projet : Celia Naranjo, Carol Taylor, Paige Gilchrist, Chris Bryant, Skip Wade, Jennifer Pickering, et tous les employés de Lark Books dont le canapé de la réception est désormais multicolore ! Je dois enfin souligner la chance qui est mienne. Pratiquement tout ce qui n'est pas rivé au sol ou aux murs de ma maison est désormais houssé à neuf grâce à ce livre.

**DES REMERCIEMENTS ADDITIONNELS VONT À :**

Waechter's Silk Shop, de Asheville en Caroline du Nord, pour sa merveilleuse sélection de boutons et de garnitures, ainsi que pour les nombreuses idées et suggestions de ses employés.

Foam & Fabric, également de Asheville. Ce commerce est dirigé par des gens extraordinaires qui suivirent les rebondissements de la vie de Tracy Munn alors que je leur rendais régulièrement visite dans le cadre de ce projet.

Ray's Vacuum & Sewing Center, de Spartanburg en Caroline du Sud, où je fais réviser et moderniser ma machine à coudre depuis vingt-trois ans.

Mon éditrice, Paige Gilchrist, pour sa gentillesse, sa patience et son sens de l'organisation, et pour m'avoir pilotée dans le monde de l'édition. Elle a dû s'acclimater aux mots étranges de mon jargon, tels que réserve pour couture, surjeteuse… et même passe-lacet. – selon les dernières rumeurs, elle songerait à s'en procurer un !

Le directeur artistique, Chris Bryant, dont l'imagination et l'intuition en font un styliste hors pair. Rien ne l'arrêtera, pas même le sumac vénéneux. (Je suis tombée sur du sumac vénéneux en cueillant des carottes sauvages pour une séance photo où, insistait-il, « il fallait davantage de blanc ».)

L'illustratrice, Bernie Wolf, qui a réussi une présentation attrayante en se fondant sur mes barbouillages et mes coupons d'étoffe. Parce que j'ai l'habitude de travailler en trois dimensions, j'ai du mal à coucher mes idées sur papier. Le talent qu'elle déploie lorsqu'elle est munie de crayons, de papier et d'aquarelles m'inspire une crainte respectueuse.

En dernier lieu, je désire témoigner ma gratitude aux membres de ma famille, à commencer par mes parents, Kay et Jim Worley, mon frère Tim et ma belle-sœur Karel, mon fils Jamie, ma fille Marisa, ma bru Andrea et mes petites-filles Chaley et Chloe (qui ne se sont pas vu offrir autant de robes que d'habitude pendant que Nana travaillait à cet ouvrage). Sans oublier mes chers amis Celia, Ben, Chris, Jennifer et Traci, qui m'ont soutenue au fil de mes échecs et de mes victoires. Sans vous tous, je n'y serais pas parvenue.

# index